離婚で壊れる子どもたち

心理臨床家からの警告

棚瀬一代

光文社新書

はじめに

離婚の増加と、子どもに生じる問題の増加

現在の日本では、三組に一組の結婚が離婚に至っています。その数は年間二六万件にものぼり、しかもそのうちの四割が乳幼児を抱えての離婚です。中には胎児を抱えての離婚もあります。「子どもが大きくなるまで我慢して不幸な結婚生活に耐える」という意識に代わって、「子どものためにも不幸な結婚生活には早く終止符を打ち、第二の人生を歩んだほうが良い」との意識が浸透してきていることを証拠づけるデータであると思います。

こうした離婚ケースの八割ぐらいが、母親が親権者として子ども全員を引き取り育てています。子どもが三人以上いる場合でも、七割以上の場合に母親が全員を引き取っています。このことは、女性が決して豊かとまではいかなくても、子どもを抱えて何とか経済的に自立して生きていける社会になってきたことの証であり、したがって離婚が増えてきたということ

と自体は、必ずしも否定的な社会的問題とばかりはいえないわけです。

しかし、日本では、結婚中は共同で親権をもって共同で子育てしているのですが、一度夫婦が離婚すると、いずれか一方の親を親権者に決めなくてはなりません。このような離婚後の単独親権制度の結果として、今、種々の深刻な問題が生じてきています。

乳幼児の頃から、片親を知らずに育つ子どもたち。あるいは父親（母親）と年に数回しか会えない子どもたち。あるいは母（父）方の祖父母が養子縁組して父母になり、実母（父）は叔母（父）さん、親戚のお姉（兄）さんとして関わり続けるといった形で育つ子どもたち。あるいは離婚後も両親がいつまでも熾烈《しれつ》に争い続けるのを目撃して育つ子どもたち。あるいは片親の元からある日突然に他方の親によって連れ去られ、その後、他方の親とは会うことなく片方の親の家で暮らすことになった子どもたち。あるいは両親による連れ去りと再連れ去りを何度も体験する子どもたち。あるいは熾烈な子どもの奪い合いの過程で片親がうつ病になり、自殺企図したり、自死してしまったりといった悲劇を体験する子どもたち。あるいは片親が他方の親を殺傷するといった悲劇に出会ってしまった子どもたち……こうした子どもたちが増えています。

幼くしてこうした過酷な状況に曝《さら》されてしまった子どもたちは、いったいその後どのような発達の軌跡を描いていくのでしょうか。

日本では未《いま》だに「夫婦の別れ」イコール「親子の別れ」になってしまうこともあるのが現実です。こうした状況は欧米諸国の間では極めて特異な状況であり、近年、国際結婚も増えてきたために、離婚後の子どもを巡っての争いが、大きな国際問題にまでなってきています。

高葛藤や離婚で傷つき壊れる子どもたち

子どもの発達についての知見は、これまで、「両親揃った家族」を基礎にして展開されてきました。もちろん死別や身体的あるいは精神的な病気による片親不在の、子どもへの影響は広く認められており、研究もなされてきました。しかし離婚後の片親不在や、前述したような環境の中で育った子どもが、その後、どのように発達していくのかに関しては、日本では心理学者をはじめとする精神衛生の専門家の間でも、真正面から取り上げられることがほとんどありませんでした。

近年、離婚後の子どもの奪い合いが熾烈化してきた結果として、裁判での争いにおいて精神衛生の専門家が、どのように離婚後の取り決めをしていくことが「子どもの福祉」に適《かな》うのか、に関して、「意見書」を提出するという形で関わりをもつというケースが増えてきています。私も近年、そうした形で関わりをもつことが増えてきています。

しかし、そうした場合に、「子どもにとって何が最善か」との視点からではなくて、自分のクライエントの気持ちにのみ共感するスタンスで書かれた意見書は、両親間の葛藤に油を注ぐ結果になり、さらに子どもを傷つけることになってしまいます。そうでない場合でも、争いが一度裁判に持ち込まれてしまうと、いずれの当事者も勝つことのみを目的としてとことん争うために、いずれにしろ子どもが傷つき壊れていってしまうことが多いのが現実です。

こうした状況を回避していくためにも、ひとりの親のみを無理やり親とする現在の単独親権制度を見直し、離婚後も原則として、両親が子どもの養育に関わり続けることを原則とする方向に法改正していく必要があります。

子どもの視点から、「よりよい離婚」を考える

米国のカリフォルニア州では、一九八〇年に全米に先駆けて、離婚後の取り決めとして単独監護（養育）に加えて共同監護（養育）の選択肢が加えられました。両親が別れた後も継続して子どもと別居親が接触していくほうが、子どものその後の発達にとって良いということが実証研究の蓄積によって支持された結果です。その後、こうした離婚後の共同監護（養

育）という考え方は、野火のごとく全米に広がり、二〇〇八年現在では全州において、離婚後も何らかの形で共同監護（養育）の形が選べることになっています。

私は、一九八四年から一九八五年にかけて、カリフォルニア州バークレー近郊のエルセリットという小さな町に滞在しました。その際に、子どもを通わせていた学校の懇談会で、仲睦まじそうに話をしているカップルが、実は別れた元夫婦であることを知って何度も驚くという経験をしました。

別れた元夫婦がいったいどんな気持ちで共同子育てをしているのだろうかという好奇心から面接調査を始めてみましたが、その結果浮かび上がってきたのは、米国人は決して日本人が思うほどドライなわけではなくて、別れた相手に対する恨みや憎しみといったネガティヴな感情を抱えつつも、子どもの幸せのために必死で頑張っているという姿でした。その点が私にはとても印象深かったのです。

当時米国では、裁判で離婚後の取り決めを争った結果、裁判の前よりもお互いに傷ついてしまったという人たちが大勢いました。そうした傷つき体験から、敵対的な裁判ではなくて離婚調停で平和裡に話し合っていきたいとのニーズが高まり、裁判所の離婚調停サービスだけではなくて、私設の離婚調停サービスも提供されるようになってきました。私自身も米国で離婚調停者養成のワークショップに参加して調停技法を学び、その後日本で一二年間ほど家事調停委員として、多くの離婚調停に関わってきました。その後、臨床心理士としても、離婚を経験し傷つき、「壊れた」多くの親子に出会ってきました。

本書は、このような私自身の経験を通して、最終的に「幸せになる離婚」と「不幸せになる離婚」を分けるものは何なのかを子どもの視点から考えていく試みです。

人が離婚を決意するとき、その最も大きな動機は、子どものためにも自分のためにも今の不幸な結婚から抜け出し、もっと幸せになろうとの強い思いであろうと思うのです。それなのに、現実には、強く願ったはずの幸せに至ることができずにいる人たち、あるいは以前よりもっと不幸せになっている人たちが多いように思います。どうしたら自分のために、そして何よりも子どものために目指した幸せに至りうるのでしょうか。本書において私は、多くの事例を分析することを通してそうした問いかけへの答えを模索していきたいと思います。

本書は、幸せな結婚生活を送りたいと考えている人たち、離婚を考えている人たち、離婚へと一歩を踏み出してしまった離婚当事者たち、離婚家庭の子どもたちを支える仕事をしている学校の先生やカウンセラーたち、また裁判官や調査官や家事調停委員、そして弁護士や精神衛生の専門家たちなど、幅広い読者層に向けて書かれています。さまざまな生活領域の中で、離婚後の「子どもの最善の利益」とは何か、そして「子どもの福祉」に適う道とは何かについて模索をしている人たちに向けて、声なき子どもからのメッセージを代弁して書かれています。

本書を読み進むことを通して、子どもの心から見て「幸せになる離婚」と「不幸せになる離婚」の違いは何なのかという素朴な疑問に対する答えが見つかるとすれば、私にとってはこれ以上嬉しいことはないし、本書を書いた目的も果たされたといえます。

目　次

第六章　事件・悲劇から学ぶ――子どもの福祉に適った面会交流を探る　186

第七章　葛藤を超えて離婚を成功させるには　255

第一章　離婚で母親、父親はどう変わるのか
――プロセスとしての離婚

子どもの心からみた離婚、というものを捉える前に、この章ではまず、離婚がその当事者である親の心や環境に、どういった変化や課題をもたらすのか、ということをみていきたい。子どもの心に親の離婚がどのようなものとして映るのかを知るためにも、親側の変化を知る必要があるからである。

1「出来事」であると同時に「プロセス」でもある離婚

離婚というのは、その当事者である両親にとって、人生における大きな出来事であること

は確かである。しかしそれは単に一つの出来事であるばかりではなくて、その前後に一連の変化を伴うプロセスでもある。

つまり、直ちに離婚に至るのではなくて、それまでに葛藤が高まる時期があり、何とかそうした葛藤を解決しようと試みる時期もある。友人や親戚あるいはカウンセラーに相談するという時期もあるかもしれない。しかしそうした試みにもかかわらず、やはり溝を埋めることはできないと確認できたときに初めて離婚を決意することになる。

離婚を決意してすぐに離婚を求める人もいるだろうが、中にはそうした決意を心に秘めたまま、離婚に向けて仕事を探したり、貯金をしたりといった準備行動に入る人もいるだろう。そして心の準備ならびに実際的な準備ができて初めて、協議離婚を求めるとか、あるいは調停を申し立てるといった法的な離婚への一歩を踏み出すことになる。

さらに、法的離婚が成立した後には、離婚後のひとり親生活へ再適応していくというプロセスが必要となってくる。結婚生活が長ければ長いほど、こうした再適応もまた時間を要するといえるだろう。

親の側のこうした再適応のプロセスは、おおむね「法的離婚」→「経済的離婚」→「情緒的離婚」の順に進んでいくと考えられる。この中で一番難しいのが「情緒的離婚」である。

2　まずは法的離婚

日本では、離婚の九割ぐらいが協議離婚である。

諸外国では、協議離婚の場合でも、離婚後の子どもの養育形式、面会交流の頻度や形式、養育費の取り決めなど、子どもの問題についてきっちりとした養育計画（ペアレンティング・プラン）を作成して裁判所に届け出なければならない。

これに対して、日本の場合には、二〇一二年の改正民法施行後も、いずれかの親を親権者に決めて、二人の証人の署名を得て、役所に届け出れば、離婚が成立する。日本では非常に容易に協議離婚が成立する制度になっているのである。

子どものいない夫婦が離婚する際には、この制度でも問題はないといえる。しかし、未成年の子どもがいる夫婦の離婚の際には、協議離婚といえども、諸外国同様に、離婚後の子どもの養育計画の合意を義務づけ、離婚を認める前提条件としていくシステムが必要になってくる。

あとに述べるが、このあたりは今後に残された大きな課題である。

3　さらに経済的離婚へ

結婚と死に加え、三つめの「財産移転」のきっかけとしての離婚

離婚がまれな時代においては、ライフ・サイクルの中で財産が移転されるのは、「結婚」と「死」という二つの出来事においてのみであった。

ところが近年のように、三組のうち一組が離婚するというように、離婚が多くの人が経験する可能性のある日常的な出来事になってくると、離婚もまた、財産が移転される可能性のある三つめの出来事になってくる。

つまり結婚中に築いた財産の分与や所有物の分割、そして慰謝料や子どもへの養育費といった形で財産が移転することになる。

離婚の原因が不倫である場合には、裏切られた傷つきと怒りが、配偶者に対してだけではなく、不倫相手にも、「慰謝料請求」という形で爆発し、財産移転を巡る争いが熾烈になることが多い。

一般に、結婚年数が短い場合には、財産や所有物の分割はあまり大きな争いにはならない。

しかし時には例外もある。例えば、夫が医者で、医者になるまで五～六年も交際しておきながら、やっと結婚したと思ったらその直後に、妻側に何ら落ち度がないにもかかわらず、夫が勝手に離婚請求してきたような場合である。こうした場合には、医者の妻として得たであろう将来の利益を失ったとして、多額の慰謝料が請求され、認められる場合がある。

私自身が出会った事例では、結婚一年での離婚で四〇〇〇万円もの高額の慰謝料が支払われた。このケースでは、夫の医師免許取得に妻が金銭的に貢献をしたというようなことはなかったが、時には、結婚後、夫が弁護士資格を得るために勉強したり、あるいは大学院で勉強を続け、妻が働いて支えていた、というようなケースもある。そして資格取得後、あるいは大学に就職後に、夫から妻に離婚を求めるというような場合である。

日本の場合には、妻側にこうした貢献があった場合でも、その貢献分を返却するようにとの法規定はないので、上記事例のように慰謝料請求の形になるわけだ。

「妻の貢献」に対する支払い、夫婦で買った物の分割

米国では、こうした夫の資格取得に対する妻の貢献の問題は、最高裁判所にまで持ち込まれて争われた「サリバン・ケース」が有名である。このケースの結果、米国では配偶者の一

方の収入獲得能力を大幅に高めるような教育や訓練に貢献した他方の配偶者には、その貢献に対して利子をつけて払い戻さなくてはならないことになった。ただし、その貢献がなされた後一〇年以上の年月が過ぎている場合には、貢献した配偶者は、すでに収入増の恩恵をこうむったものとみなされ、払い戻しの必要はないとされている。

他方、結婚年数が長く、しかも分割するべき家などの不動産がある場合には、財産分与の問題が生じてくる。またこれまでに買った物も分割せねばならなくなる。長い年月の間に買い集めた物に対する妻と夫の思い入れの深さの違いもあってなかなか容易でない場合も出てくるであろう。

家に関しては、結婚中に住んでいた家を妻子に与えて、夫が他の家ないしアパートに移り住む形をとる場合が、その後の争いが一番少ないように思う。しかし、経済的理由から、家を維持することができずに売らざるをえない場合もあり、こうした場合には、以前の住環境より悪い環境に移り住まなくてはならないことになる。子どもにとっては、単に住環境が悪くなったというだけではなくて、慣れ親しんだ地域から根こそぎにされる感じがあり、親に対して恨みの感情を抱く場合も出てくる。

また父親が結婚中に住んでいた家に住み続け、母親が子どもを連れて実家に戻り祖父母と同居するという選択がなされることも、日本では多い。こうした場合には、住居費や光熱費などがいらないといった経済的なメリットもあり、また祖父母が精神的にサポートしてくれる場合にはサポート体制の充実というメリットもある。

しかし、「出戻り」娘と親との間に葛藤が高いような場合には、そのはざまで生きる子どもたちにとってはストレスが高く、時にはこうしたデメリットが前述のメリットを超えてしまうこともある。

離婚後の母子の貧困化——父親の所得は増え、母親の所得は減る

過日、「離婚と子ども」をテーマとしてワークショップを開いた時に、参加したスクールカウンセラーから興味深い話を聞いた。

彼女たちが働く学校は、低所得者が多い学区内にあり、クラスの四分の三ぐらいが離婚後の母子家庭であるという。また離婚後に、同じ団地内のより家賃の安い住居に引っ越すという傷つき体験のある子どもたちも多いとのことであった。

米国での報告では、別居後一年目、母親の年収は三〇%ぐらい減るのに対して、父親の年収は一五%ぐらい増えるといわれている。特に長年専業主婦として生きてきた女性が五〇代

になってからの離婚は悲惨である。また、共同養育を選ぶ人が増えてきたとはいえ、依然として多くの子どもたちが基本的には母親と暮らしているので、女性と子どもの貧困化が大きな社会問題になっている。このことは、母子家庭は全人口の一五％を占めているにすぎないのに、貧困家庭の五〇％もの多数を母子家庭が占めていることでも分かると思う。

一九八〇年の米国における国勢調査結果によれば、母親の五三％もの多数が裁判所の命令である父親からの養育費の支払いを全く受け取っておらず、その結果、母子手当などの税金でまかなわれている公的扶助費は、年間二〇〇～三〇〇億ドルにもなるといわれた。

ここまで公的扶助費が高額化してきた結果、養育費不払いの問題は、単なる子どもの問題を超えて大きな社会問題であるとして対応が迫られるようになり、一九八四年には連邦法が改正され、養育費が自発的に支払われないときには、給料から強制的に天引きすること、さらに連邦税および州税の還付金を差し押さえることが可能となった。しかし、たとえ養育費が支払われたとしても、養育費は一八歳までなので、大学の学費は支払われない。

日本における状況は米国に劣らず、悲惨である。一九九二年の離別母子世帯の平均年収は、税込みで二〇二万円にとどまり、死別母子世帯の二五四万円に比べても低く、一般世帯の平均六四八万円の三割ぐらいであるといわれている。

また離婚した夫から養育費の支払いを受けているのは一四・九％で、かつて受けたことがある家庭も一六・四％にすぎない。母子家庭の貧しさが容易に想像される数字である。

支払われない養育費――法改正後の変化は？

また最高裁の実態調査によれば、養育費の取り決めをしても、離婚後一年で、その半数が支払いの約束を反故《ほご》にしており、約束通りに払い続けているのは二割にすぎないという報告もある。こうした実態に対応して、民事執行法が二〇〇三年に改正された。

これまでも、調停で養育費の支払いが約束されたにもかかわらず滞納があった場合には、申し立てれば差し押さえができた。しかし、申し立てのためには、滞納分ごとに毎月手続きをしなければならず、手続きのための費用も、収入印紙代その他を含めて毎回一万円程度かかっていた。手間と時間をかけて根気よく、毎月、毎月、差し押さえの請求をしなければならず、結局、その面倒さから泣き寝入りする人が多いという結果になっていた。

しかし、この法改正によって、一度、滞納分の差し押さえを申し立てれば、将来にわたって雇用主が自動的に天引きして支払ってくれ、転職した後は、次の会社が差し押さえをしてくれるようになった。失職したり、行方不明になったり、自営業者であったりする場合には問題が生じてくるが、以前の制度と比べれば大きな前進といえる。

法改正後の二〇〇六年度に厚生労働省の行った調査結果によれば、離婚した夫から養育費の支払いを受けていたのは、一九％となり、以前の一四・九％よりは増えたものの、依然として驚くほどの低さである。

このような支払い率の低さの原因としては、養育費についての取り決めが、調停調書や審判や裁判による判決書になっている場合はよいが、協議離婚の場合には、公正証書にしておかなければ債務名義がないので、法改正によって滞納分の差し押さえが可能になっても意味がなくなってしまうということがある。

したがって、今後は、協議離婚の場合でも、監護形式や面会交流の形式・頻度に加えて、養育費についての取り決めも義務づけ、公正証書にしておくことが必要といえる。

筆者は、二〇〇九年九月に、韓国のソウル家庭法院で、裁判官と調査官に面接調査を行ってきたのだが、韓国では二〇〇九年に民法が改正され、すべての協議離婚における養育費の合意内容は家庭法院によって調書に作成され、執行力をもつことになった。

こうした韓国での試みも、養育費の支払いを確実なものにしていくための方策として非常に参考になる。

4　難しい「情緒的離婚」

後悔・未練・怒りを経て、二～三年で新たなバランス感覚を取り戻す

離婚した後の二カ月間ぐらいは、離婚前の日々のストレスから解放されたこともあって、前配偶者に対する愛着が増す場合もあるといわれている。米国において離婚した元夫婦四八人を対象にした調査によれば、その一六%が離婚後二カ月の間に元配偶者との間で性的関係をもっていた。また母親の七〇%、父親の六〇%が、もし何か危機的状況が起きたとき、真っ先に電話するのは元配偶者だろうと答えている。これらの元配偶者たちは、法的離婚はしたものの情緒的にはまだ離婚が完結しておらず、未だに情緒的な絆で結ばれているといえる。

私の出会ったAさんも、確定申告の時期になると、別れた元夫に電話をかけて手伝ってもらっていた。

また離婚後一年から一年半ぐらいの時期は、精神的に危機的時期であるともいわれている。離婚したことを後悔する気持ちや、別れた元配偶者に対する未練や怒りといった両価的感情に揺れ、「このまま一人で生きていくことになるのではないか」といった将来に対する不安

や孤立感から、異性との交際が過剰になる人もいれば、逆に抑うつ状態に陥って、ひきこもってしまう人もいる。

しかしこうした危機的状況も、普通は二～三年もすれば落ち着いてくる。離婚後三年も経つと、親も子どもも、以前とは違う新しいバランス感覚を取り戻すといわれている。

一緒に住む子どもとの関係、特に同性である母―娘関係や父―息子関係は、ある意味では以前よりも親密になることが多いともいわれている。また一度は崩れてしまった家庭内の秩序やしつけに関しても、この頃になると一貫性が回復してくるし、新しい友人もできてくる。

こうした新たなバランス感覚が回復された状態になって初めて情緒的にも離婚できたといえるであろう。

しかし離婚経験者の中には一〇年、二〇年経っても離婚当時に受けたショックから立ち直れない人もいる。こうした人たちは法的離婚はしたものの情緒的離婚ができずにいる人たちといえるだろう。

悲哀のプロセスには「健康なもの」と「病的なもの」がある

人生には、余命数カ月との告知、リストラによる失職、愛する人との死別や離別といったさまざまな喪失体験がある。喪失体験がどのようなものであろうと、自分にとって大切なものを失った時には、そのことを悲しむという「喪の仕事」を抜きにしてはその体験を克服することはできない。つまり失ったことを悲しむという「喪の仕事」あるいは「悲哀の仕事」は、人々が知らず知らずのうちに行っている適応の試みといえるわけだ。

エンゲル（一九六一）は、このような悲哀のプロセスを、身体の傷が癒えるプロセスに喩えている。つまり、身体の傷が一定のプロセスを経て回復していくように、心の傷もまた一定のプロセスを経て回復していく。しかし、時に身体の傷がなかなか癒えずに合併症が生じてしまったり、後遺症が残ってしまうように、心の傷もまた、時にはなかなか癒えずに合併症が生じたり、後遺症が残ったりしてしまうことがある。

ボウルビィ（一九六三）もまた、心の傷が癒える悲哀のプロセスを身体の傷が癒えるプロセスに喩え、悲哀のプロセスを健康な悲哀のプロセスと病的な悲哀のプロセスに区別している。健康な悲哀のプロセスは適応としての悲哀であり、そのプロセスの後に、また新たな愛情関係に入っていけるようになり、またその関係を維持していける。

ところが、病的な悲哀のプロセスに陥ってしまうと、ちょうど身体が癒えきらずに機能障害を残してしまうように、心にも機能障害が残ってしまい、新たな関係に入っていけなくなったり、あるいは入っていけたとしても、その関係を維持していくことができなくなってしまう。

以下に記すのは、筆者が一九八四年にカリフォルニア州のエルセリットで共同養育をしているカップルに面接調査をした時に出会ったメリサの場合である。メリサの場合は、まさに病的な悲哀のプロセスに陥っているといってよいであろう。

「私は情緒的障害者」――人と新たな信頼関係を築けない

メリサ（四六）とマックス（四五）は、二三歳と二二歳という若さで結婚し、四人の子どもを育ててきた。夫は、米国全土に名の通った弁護士である。二〇年という長い結婚生活の後に、メリサは、「アリのように踏みつぶされ、一片のゴミくずのように捨てられた」。社交の場からも完全に追放され、結婚中もいつも落ち込んでいたメリサだったが、離婚後、その抑うつ状態はさらにひどくなる。生理にも変調をきたし、持病の偏頭痛やアレルギー症状もひどく悪化した。

離婚後しばらくの間は、子どもたちが父親の家に行き、一人残された広い家で、メリサは眠ることができなかった。子どもたちのいない空っぽの広い家、そして静けさが、離婚の現実、自分の苦しみや痛みのすべてを象徴しているようにメリサには思えた。

そんな苦しみの中、メリサは精神科医の助けを求め、結婚が崩壊してしまったという現実に直面し、また苦しみのどん底からはい上がる勇気をも得た。今では、精神科医の助けなしで、現実から逃げ出すことなく生きていく自信を得たとメリサはいう。

だが、その心には深刻な後遺症が残っている。「私は、結婚してもよいと思うはどに人を信頼することが、二度とできなくなってしまったの。これは目に見えない障害ね。つまり私は情緒的障害者になってしまったの……」メリサはつぶやくようにいった。

「親の子ども化」と「子どもの親化」——長期にわたると子どもを損なっていく

親が病的な悲哀のプロセスに陥ると、子どもは、悲しみにうちひしがれている親を何とか支えようと必死になるものだ。二歳、三歳という幼い子どもであっても、それは同じである。その結果として、鳥がついばんで傷ついた果実が早く熟するように、成長が不自然に加速され、「疑似成熟」してしまうのである。

疑似成熟してしまった子どもの特徴は、年不相応の大人びた行動と、年不相応に幼稚な行動のアンバランスな併存である。つまり年相応の部分が抜け落ちている。結果として同年齢の友だちから見て何かおかしい存在であり、波長が合わない、浮いた存在になってしまう。

こうした、「親が子ども化」し、「子どもが親化」するという「役割逆転」の現象は、離婚家庭でのみ起きるのではなくて、親が親として機能できない場合には必ず起きてくる。

例えば、親が抑うつ状態に陥ったり、あるいは夫婦関係が険悪で、父親が娘に妻の代わりを、母親が息子に夫の代わりを求める場合にも起きる現象である。

しかし、離婚後のひとり親家庭における役割逆転は、ワラスティン（一九九〇）も指摘しているように、単に親が子ども化し、子どもが親化するという、単純な親子関係の逆転ではない点が重要である。つまり、子どもは親にとって、保護者であるばかりではなくて、恋人であり、助言者であり調停者である。さらに、相手方の親や親戚に対抗する戦友であり、また、親が抑うつ状態に陥ったり、自我が崩壊するのを防ぐ重要人物でもある。こうなると、子どもが担う役割はあまりにも複雑かつ荷の重いものとなってしまう。

ともあれ、二〜三年ぐらいで親がまた元気を取り戻し、ふたたび親として機能できるようになれば、子どもは、支えになれたことに対して誇りを感じ、親にとっても子どもにとっても良い結果になるであろう。しかし、役割逆転した関係が五年、一〇年と長期にわたって続く場合には、子どもが払う代償は、あまりにも大きい。

つまり、五年経っても、一〇年経っても親が立ち直れない場合には、無力感と同時に、親に対する怒りの感情が子どもを苦しめることになる。また年相応の部分が抜け落ちた成長をしてきたことによって、同年齢の友だちがいなくなることも問題である。さらには、必要に迫られて成長が加速された結果、見かけは大人びているにもかかわらず、内面は真の成熟には至っておらず、もろさを抱えている。

こうした不自然な成長をした結果として、いじめに遭ったり、不登校になったり、ひきこもりに至ったりという二次的な問題が生じてくることも多い。

5　子どもとの関係の変化

親としてどう関わることが、子どもの幸せにつながるのか

離婚後に親として子どもにどのように関わっていくことが、子どもの幸せにつながるのだろうか。たとえ親が離婚しても、子どもがその後の人生を笑顔で歩んでいけるためには、親として子どもにどのように関わっていけばよいのだろうか。離婚を決意した親には、こうしたことを真剣に考えてほしい。

図1-1　親権の推移

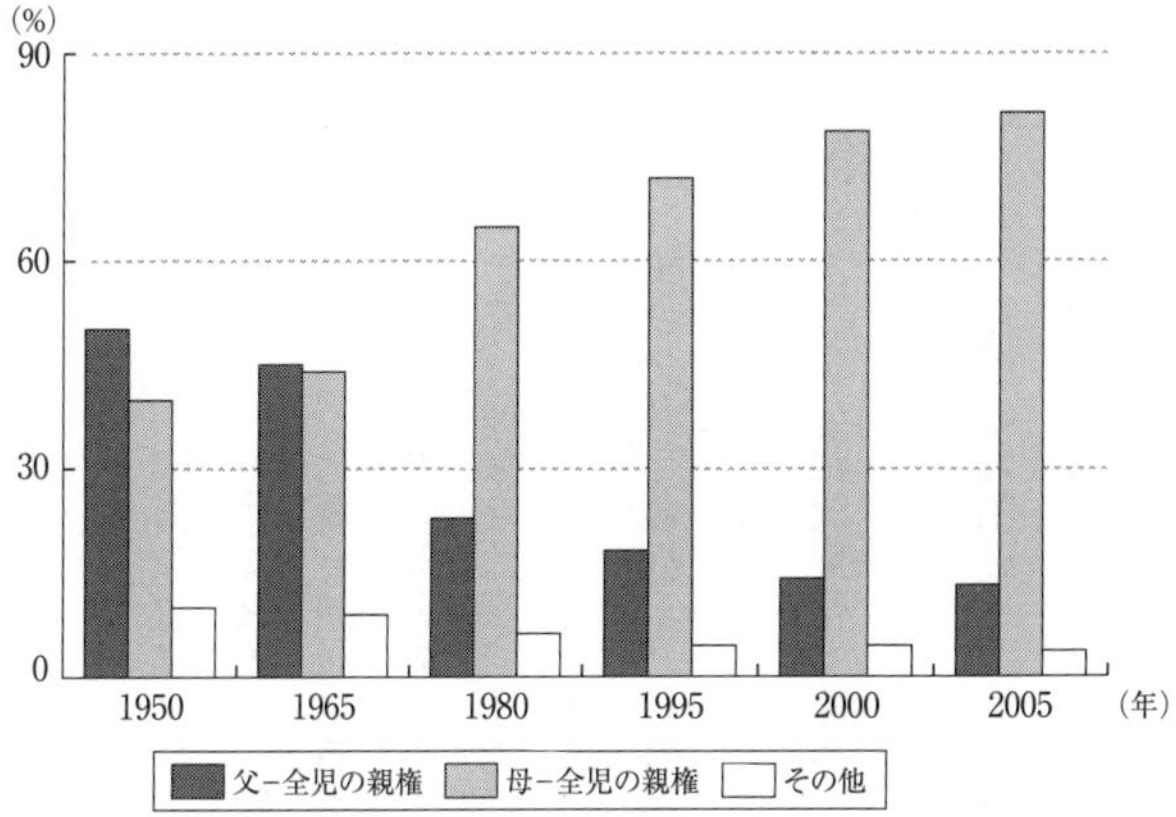

出所：平成17年度人口動態統計より

まず大前提としていえることは、離婚は「夫婦の別れ」ではあるが、決して「親子の別れ」ではないということ、そして「親の思い」と「子どもの思い」は決して同一ではないということである。こうした単純なことが離婚後に忘れ去られていることから、多くの子どもの不幸は生じてきているように思う。

一九五〇年代の日本では、夫婦が離婚した場合、五〇％ぐらいの割合で父親が子ども全員に対して親権者になっていた。しかし一九六五年以降、徐々に母親が子ども全員に対して親権者になる割合が増えてきて、二〇〇三年以降、その割合は八〇％にもなっている。(図1―1)

親権者と日常の世話をする監護者とはほと

んどの場合、同じ人なので、日本では親の離婚後、子どもたちの八〇%ぐらいは、母親と暮らしているといえる。

米国でも一九八〇年の国勢調査によれば、九〇%近い子どもたちが離婚後に母親と暮らしていた。しかし一九八〇年代になると、後述するように、離婚後も共同養育を選ぶことが可能になってきたために、父親と同居する子どもの割合が八・八%から一一・四%に増えている。しかし、依然として九〇%弱の子どもたちは母親と暮らし、父親は子どもと頻繁に、あるいは隔週末ごとに、面会交流をするという形になることが多い。

米国では離婚の九割近くは、協議離婚であるが、前述したようにその場合でも、すべての離婚届けには、面会交流を含む子どもの養育計画と養育費の取り決めについて記載して裁判所に届け出ねばならない。しかし、このように届け出がなされても、時が経つとともに実際の親子関係はさまざまな状況変化に伴って変わっていくので、一〇年後、二〇年後の実際の状況把握は簡単にはできない。

日本の場合も、離婚の九割近くが協議離婚であるが、離婚届けには親権者の記載を求められるだけである。そのため、離婚後に別居親とどの程度の接触・関わりをもちつつ子どもが育っているのか、また、養育費についてはどのような取り決めがなされ、その後、どのぐら

図1-2　紛争のピラミッド

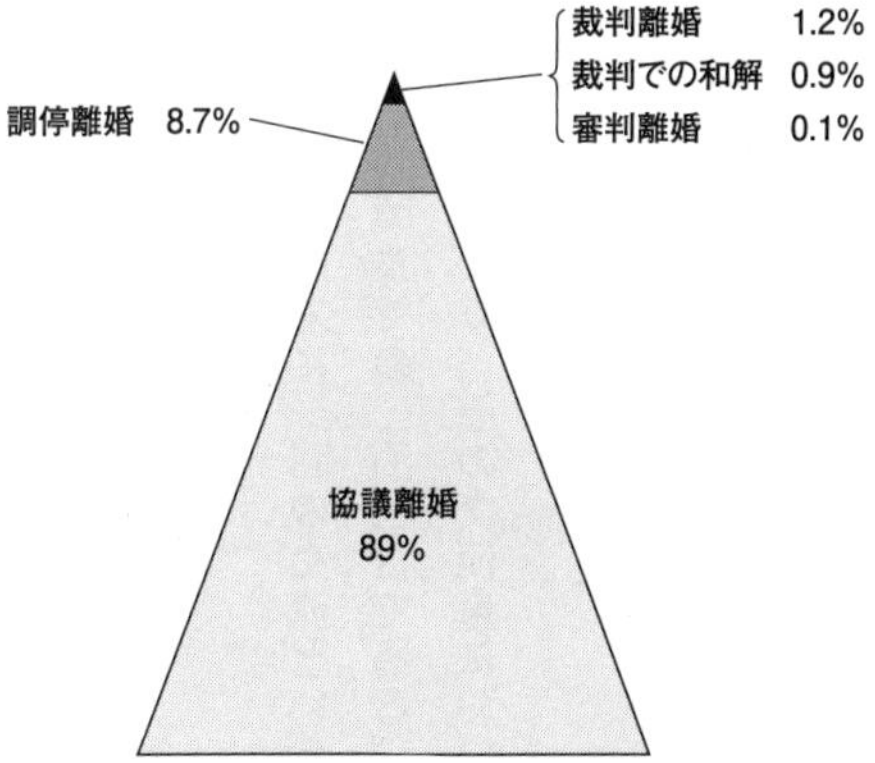

出所：2005年人口動態統計より筆者作成

いの親が支払い続けているのかなどについて、確かなデータを得ることが非常に困難である。

父親と子どもの「面接交渉（面会交流）」という言葉自体が、瓜生ら（一九九六）も指摘しているが、まだ人々にとって馴染みの薄いものである。筆者が一九九九年に短大二年生を対象に調べた結果でも、八五％もの学生がこの言葉を知らないと答えている。一〇年余り経つ今日でも、私のゼミ生たちは、ゼミのスタート時点で、「離婚後の面会交流」という問題について、知らないと答える学生が多い。離婚と接点のない一般の人たちにとっては、未だにあまり知られていない問題であるといえよう。

このように、日本では協議離婚が多いため

に、離婚人口全体の面会交流の実態を把握することは難しいのが実情である。

しかし一般的に言えることであるが、協議離婚の場合のほうが、調停離婚、審判離婚、さらには裁判離婚よりも紛争度、葛藤度が低いため、別居親と子どもとの交流もなされている割合が高いことが推測される（図1―2　紛争のピラミッド参照）。

日本の面会交流では、食事を共にしつつ話をしながら、一～四時間を過ごす、といった内容が多いと報告されている。

米国では、隔週末に一回の交流という場合には、一般に金曜日の夕方五時ぐらいから日曜日の夕方七時頃までの二泊三日である。泊まりがけなので、当然のことではあるが、生活を共にすることになり、その交流量においても交流内容においても、比較にならないほどの違いがある。

6　友人・親戚・学校――社会での関係性や役割の変化

別れた友人夫婦のどちらとつきあうか、という悩み

日本の場合には、そもそも、夫婦単位で友人とつきあうことが少ない。そのため、友人夫

婦が離婚した場合に、別れた夫婦のどちらに忠誠を誓うか、などという葛藤に苦しむことは少ないように思う。米国の場合には、結婚すると、夫婦単位でのつきあいがほとんどであるので、離婚後にこうした問題が浮上してくる。私も、幾組かの米国人夫婦と親しくつきあってきたが、その内の何組かが離婚している。

私がある時、面接調査を行うために渡米した際には、別れた友人夫妻のうち、元夫のほうにスケジュール調整を依頼していた。現地に到着後も、元夫の家に招待されており、そこから元妻に挨拶の電話をしたところ、「あなたは元夫の傘下（〝under his umbrella〟）にいるから、今回は会うのを遠慮しておくわ……」と言われてしまった。予期せぬその言葉が今も強烈で忘れられない。その後は、元夫とは親しい友人関係が継続しているが、元妻とは全く関係が切れてしまっている。

またもう一人の友人夫婦の場合は、家族ぐるみのつきあいの間も明らかに私は妻のほうと親しかった。元夫が来日した時に、元夫からは私へは何の連絡もなかったが、元妻からは、離婚したので今回は来日できない旨の電話が米国から入った。

またもう一組の友人夫婦の場合も、元夫とはその後も長く親交が続いているが、元妻とは、離婚後一度も出会ったことがない。

このように、離婚後は、離婚した夫婦も、共通の友人のうち、誰がどちらと友人関係を継続していくかといった選択を迫られ、友人側も夫婦のどちらと友人関係を継続していくかといった選択を迫られることになることが多い。

別れた相手の親族とのつきあいが、子どもの幸せにつながる

離婚後に、相手方親族と、子どもの交流も含めて、どのようにつきあっていくのかも問題となって浮上してくる。この問題が難しくなる場合としては、そもそもの離婚に至る原因として、原家族と夫ないし妻との関係に、「親離れ、子離れできない」という問題があった場合である。つまり、結婚後も、夫ないし妻が、原家族への忠誠心のほうを優先しており、自立した夫婦関係が築けなかったような場合である。

たくさんの類似のケースを合成して作った事例を、以下に紹介する。

【事例1】恋愛結婚であったが、妻方両親からの干渉は結婚式場を決める段階からすでに始まった。振り返ればこれが後の結婚破綻の予兆であったといえる。結婚後も毎日のように姑が妻に長電話してきた。また夫が帰宅するとほとんど毎日のように妻方の両親

が家に遊びに来ていた。妻は夫が帰宅しても、両親との会話に夢中で、夫の気持ちには全くといって配慮がない状態であった。仕方なく夫は、そそくさと夕食を済ませて二階で読書したりして過ごしていた。また何か問題が浮上したときでも、妻は夫にではなくて父親に相談して決めた。徐々に夫婦間のコミュニケーションもなくなり、夫婦関係もなくなり、やがて夫は外で女性関係をもつようになり、そのことが発覚した時点で夫婦関係は破綻に至ってしまう。夫から離婚調停を求めたが、妻は、離婚調停の場にも父親と一緒に現れた。

このような事例の場合には、離婚後の子どもと父親との面会交流に、母方祖父母が介入して反対する、といったことがよく起きてくる。

反対に、私が臨床の場で出会った事例の一つに、離婚後に元姑と元妻が親しく行き来しており、孫も父方祖父母と親しく交流を続けたが、父と子どもの面会交流は全くない、というケースがあった。

しかし、こうしたことはごくまれで、普通は、元妻は元夫の親族とはつきあわなくなるものである。また別居親と子どもの面会交流がない場合にはもちろんであるが、別居親と子どもの面会交流がある場合でも、祖父母と孫の交流は認められず、別居親が裁判所に祖父母と孫との交流を求めても却下されるということが起きている。別居親方の祖父母にとっては、わが子の離婚は孫との切断をも伴い、孫にとっても、片親との切断のみならず片親側の祖父母との切断をも伴う、といった辛い体験になることが多い。

米国では、別居親のみならず、祖父母にも孫と面会交流する権利が与えられることが多い。これは、親が離婚しても、子どもにはできるだけ多くの人たちから愛されるチャンスを与えていくことが、子どもが親の離婚による傷を癒し、健康な人生を生きていく上で欠かせないことであるとの認識からである。日本でも、祖父母と孫が会うことを認める裁判決定が今後出てくることを期待している。

学校との連携——親の情報開示が、子どもの心を救う

学齢期の子どもにとっては、学校で勤勉に学習することが中心的な発達課題であるが、親の別居や離婚は、こうした課題を遂行していく上にどのような影響を与えるのであろうか。

ワラスティンら（一九八〇）は、親が別居や離婚をした後に、子どもが学校でどのように機能しているのかを調べるために、担任教師と一時間程度の面接調査を行っている。

私がこの調査報告書を読んで非常に興味深く思った点は、離婚が日本以上に日常化している米国においても、「離婚家庭の子ども」というレッテルを貼られることを恐れて、あるいは無知ゆえに、親が別居や離婚の事実を担任教師に連絡していない場合が圧倒的に多かったという事実である。

私が心理臨床の場で出会った事例においては、母親の教師に対する不信感が強かったために、担任に別居の事実を隠しただけではなくて、深刻な問題行動を示す子どもの扱いに困った担任が家に連絡しても、「家では何の問題もありません」と偽りの情報を与えてしまっていた。さらに不幸なことにその事例では、別居は児童（A男）の小学校入学直後に始まっていた。そのため、学期途中で家庭環境に大きな変化が起きた場合と違って、担任には変化前のA男の機能水準について知るよしもなかった。

この事例においては、①母親の情報非開示の態度、と②入学直後の家庭環境の変化である、という二重の意味で、担任によるA男への有効な支援が困難になったといえる。その結果A男は、「問題児」扱いされてしまい、クラス内で何かトラブルが起きると、担任はA男の言い分を聞くことなく、A男の責任にするといったことが続いてしまう。その結果、A男がますます問題行動に走るといった悪循環に陥ってしまった。

学童期の子どもにとっての安全基地は、まず「家庭」である。しかし、親の別居や離婚によって、この家庭という安全基地が大きく揺れ動いている時には、「学校」の果たす役割がとりわけ大きくなってくる。子どもを守り、抱えるという、本来は家庭が果たす役割を、教師が補うことができるようにするためには、親側の情報開示の姿勢が大事になってくる。

つまり、担任のみならず、校長や教頭、さらにはスクール・カウンセラーや養護教諭といった多くの関係者に、子どもの置かれた困難な状況について知っておいてもらうことが大事なのである。そうした情報を親から託された側も、親の信頼に応えて、別居や離婚が子どもに与える影響について学び、有効な支援をしていけるようになることが求められる。

渦中の親以外に、子どもを支える存在が必要

さらに離婚と関連して問題になってくることとして、登校渋りないし不登校の問題、さらには万引きといった問題がある。親にとってこれらの問題は、ほとんど例外なく、大きな衝撃を与える出来事であるが、別居・離婚の過程にある親にとっては「結婚の失敗」という認めがたい体験の渦中にあるため、なお一層耐えがたいものとなる。

その結果、両親別居後に抑うつ状態に陥った子どもが朝なかなか起きてこず、学校に行き渋ると、遮二無二行かそうとしたり、また万引きに気づいた時には、その背後にある子どもの「愛情に飢えた気持ち」に共感する余裕もなく、頭ごなしに怒ったり、警察に連れて行かれるよと脅したりしてしまうことが多い。

筆者が心理臨床の場で出会ったA子（現在大学生）は、三歳頃に両親が離婚しているが、幼稚園や小学校の頃に「学校行きたくない！」と泣いてトイレにこもったりした時に、母親がボロボロになるほど引っ張ったり、押したりして、連れて行かれたという。あまりのひどさに「これが親かと思った……」と回想している。

子どもが親の剣幕に恐れをなして登校するようになったからといって、それで問題が解決したわけではない。また違った形で別の時期に問題は頭をもたげてくるのである。

したがって、子どもの頭痛・腹痛・吐き気・アトピーの悪化など、あるいは登校渋りや万引き行為は、子どもの不安、混乱、しんどさ、愛情への飢えのシグナルであるから、その時に子どもの気持ちをしっかり受けとめてやる必要がある。

とはいえ、自分自身が混乱の渦中にある親には、そうした役割を期待することはまず無理であろう。そうした場合には、祖父母や教師、カウンセラー、養護教諭などが「代理親」となって、子どもを支え、抱えていく必要がある。

他方、登校はするものの、学校で問題行動を起こすという場合もある。まずどの年齢層においてもよく見られることとして、学業に集中できなくなるということ、そしてその結果としての学業不振がある。

しかし、逆に、強迫的に学業に励み、「良い子」に徹することで大変な時期を乗り越えようとする過剰適応の子どももいる。こうした子どもの場合には、後になってから「良い子症候群」ともいえる症状を呈して、学業に集中できなくなる危険性をはらんでいる。

また両親別居後、ほとんどの場合に、子どもは抑うつ状態に陥るが、こうした状態の時は、いじめに遭う危険性も高まる。

私が心理臨床の場で出会った前述のA男の場合も、小学校の頃、原因不明の打ち身やアザをつけて帰宅することがしばしばだったが、後になって、いじめであることが発覚した。

こうしたいじめに遭わない場合でも、親の別居・離婚の事実を恥じて秘密にし、その結果、なんとなく友だち関係がぎくしゃくしてうまくいかなくなることも多い。前述のA子は、親の離婚後、ずっと過剰適応して頑張ってきたが、大学生になったとき、赤面恐怖を主訴として私の元に来談した。

先生との関係においては、先生の注意を惹こうとしがみつく生徒から、先生に対して敵対的・拒否的な態度をとる生徒まで、その反応はいろいろである。いずれにしろ、阪神・淡路大震災後、ＰＴＳＤ症状についての啓蒙活動があったように、離婚という精神的揺れ体験後のＰＴＳＤ症状ともいえる子どもの精神・身体的状態について、親も教師もさらに学んでいく必要がある。

7　依存から抜け出し、自立へ向かって

元夫・元妻への心理的依存から抜け出せるか

離婚後、別れた相手への心理的な依存から、真に自立する――これが、一番、困難な問題である。経済的依存から自立していくことよりも、心理的依存からの自立は実に困難である。

特に、ＤＶ関係やアルコール依存症の問題をもつ夫婦関係は、ある意味で関係嗜癖的な共依存関係にある。そのため、この心理的依存関係から抜け出すことはより困難であり、法的離婚が成立したものの、その後長くストーカー行為が続く、ということも起きてくる。

私が心理臨床の場で出会ったＢ子の場合も、夫に別れる意思表示をして家を出た後、夫によるストーカー行為が二年間も続いたという。

また、前述したように、配偶者を失った後の悲哀のプロセスにおいて、否認の段階にとまっているような場合には、いつまでも無意識裡に前配偶者が戻ってくることを渇望し続け、新たな関係に入ることができないということも起きてくる。

私が臨床場面で出会ったC子の場合は、別居・離婚後、二〇年以上にわたって、「前夫は帰ってきて縒《よ》りを戻したいのだが、義母が邪魔をしてそれができないのだ。だから義母が死んだら、きっと前夫は自分たち家族の元に戻ってくるだろう」との思いを抱き、待ち続けていた。しかし現実には、前夫は離婚後早い時期に再婚をしていたことが後に判明したのだった。

こうした場合には、法的離婚こそ成立しているが、心理的にはいまだに離婚が完成していない、ともいえる。

親は新たな境地を求めるが、子どもは今まで以上の「安心」と保証を必要とする

親は、結婚生活が崩壊した後に、人生における新たな意味やアイデンティティを模索しなければならない。しかし、子どもの側は、「拠《よ》って立つ家庭」という基盤が崩壊してしまった今、皮肉にもこれまで以上の「家庭内における安定と安全と安心」を必要としているのである。

親は、離婚後は、新たな責任や重荷が増え、余力がなくなっている。そんな時に子どもが必要としているのは、これまた皮肉にも、これまで以上の親からの「注意と愛情と保証」である。しかし、離婚後の時期は、親は自分の再適応に精一杯で、なかなかこうしたニーズに応えることができないものである。

私が出会ったミリアムとデニスの場合は、こうした事態に至ったときに、ファミリー・カウンセラーの助けを求めている。ミリアムとデニスだけではなく、彼らの七歳の娘もカウンセリングを受けた。

この結果、ののしり合い、罵声を浴びせ合う両親の間で傷つき、困惑して、「神様、いったい私はどうしたらいいの?」と途方に暮れていた娘が、「それは私の問題ではなくて、ママとパパ、二人の問題よ!」と言うまでに変化したのだった。

日本では、別居の時点、あるいは離婚後早い時期にカウンセラーの援助を求める人は少なく、子どもが不登校になったり、家や学校で深刻な問題行動が出始めてから初めて、第三者の援助を求めることが多い。しかし、問題が深刻にならないうちに援助を求めることが、離婚によって子どもに与える傷を最小限にしていく上で、非常に大事なことであると思う。

第二章　子どもは親の離婚にどう反応するのか――年齢別に考察する

第一章では、離婚が当事者である親の心や環境に、どういった変化や課題をもたらすのか、ということをみてきた。この章では、それではそのような親の元で育っていく子どもたちにとって、離婚はどのような心理的な影響を及ぼすのかを、私自身の心理臨床における体験および諸研究をもとに、子どもの発達段階（年齢）別に、みていきたい。

1　愛着と絆の形成が困難になる――〇カ月から一八カ月児

胎児の段階から夫婦間の葛藤に晒されていた可能性がある

○カ月――一八カ月という発達段階は、心理学的にいえば、両親との愛着、絆を形成する時期であり、非常に大事な時期である。この時期に離婚が起こるということは、胎児の段階から、夫婦間の葛藤に晒されていた可能性が高い。

母親の心理的状態が胎児に大きな影響を与えることはよく知られていることである。妊娠中から気持ちが不安定で、その後に離婚、ということになると、母親は、誕生後の乳児にとって非常に大事な「原初の母性的没頭」ができないだけではなく、別れた夫や姑らへの怒りが乳児に悪性投影され、その結果、目前の赤ん坊を可愛いと思えなくなる、ということも起きてくる。

こうした不安定な状態が長く続き、親子の絆がいつまでも築かれずにいれば、愛着障害からネグレクトや虐待が起きてくるリスクも高くなる。母親が生まれた子どもを虐待するかどうかに関する最も信頼できるサインは、周産期、特に出産直後の最初の数回の授乳行為に見られる母親の赤ん坊に対する愛着の程度で分かる、との指摘をしている研究もある。

「自分は愛されるに値する人間である」との基本的信頼感が育つ時期

さらにこの時期というのは人間が将来的に適応していく上で一番大事な「基本的信頼感」が育つ時期でもある。この基本的信頼感というのは、他者に対する信頼感以上に重要な、自分自身に対する信頼感である。つまり自分は生きるに値し、愛されるに値する人間であるという感覚が育たないと、その後の成長は困難を極め、長期にわたって悪い影響が残ってしまう。

したがって、子どもが乳幼児であるこの時期に離婚する母親は、自分のためにも、さらには生まれてきた子どもの将来の健全な発達のためにも、カウンセリング等のサポートを積極的に求める必要がある。

2　親からの分離と個体化が困難になる——一八カ月から三歳児

「両親揃った家族」の記憶がない

三歳になる前の段階で親が離婚した場合、その後、継続して頻繁に父親と面会交流していれば問題は少ない。しかし、種々の理由から接触が途絶えて、その後に父親が会いたいと申し出てきた場合、子どもには「両親揃った家族」の記憶がないので、「別に会いたくない」と拒否してしまうことも多い。

それは確かにその時点での子どもの正直な気持ちではあるのだが、そうした気持ちに母親が便乗して会わせないようにしてしまうと、子どもは父親像を欠いたまま育ってしまう。

しかし性同一性の模索を始める思春期頃になると、必ず「自分のお父さんは、どんなお父さんだったのだろう？」と気になりだす。女の子の場合であれば、青年期になり異性との親密性を求める段階になって、同世代の異性には全く興味が湧かず、父親世代の異性に父親像を追い求める、という問題となって現れてくることが多い。

男の子であれば、性同一性の確立が困難になったり、結婚後に自分の子どもと父親としてどのように向き合ったらいいのか分からないといった問題になって現れたりする。

したがって父親が面会を求めてきた時には、母親は自分の気持ちは置いておき、父親と子どもが会う機会を設定する方向に協力することが、子どもの発達にとって望ましい。

再接近期の頃は父親の存在が特に重要になってくる

再接近期（※1）と呼ばれる一八カ月から二四カ月ぐらいの時期は、子どもに両価感情

（アンビバレンス感情）の萌芽がみられる時期である。抱っこをせがむので抱っこしてあげると降ろしてと言い、手伝ってと言うので手伝ってあげると自分でやりたかったと怒るなど、母親にとってはその忍耐力が試される大変な時期である。それだけに子どもにとっては、葛藤から自由な父親の存在が特に重要となってくる時期であるといわれている。

こうした発達段階に達した時に、父親が突然に家を出て行き母子だけが残されることは、子どもにとって大きなショック体験である。悪夢にうなされたり、音に敏感になったり、これまで怖がらなかった犬などを怖がったりといった種々の不安症状を示すことが多い。しかも多くの場合、親は、この年齢の子どもの理解力を過小評価して、父親が出て行った理由を説明しないことが多い。そのため子どもは、父親に関して、いろいろ恐ろしい空想をして、不安に陥ってしまう。

子どもの不安を軽減するためにも、なぜ父親が家を出ることになったのかを子どもに理解できる言葉で説明してあげること、そして別れ住んでもこれまでと変わらずに接触ができること、また同居する親が責任をもって世話をし続けること、だから何も心配はいらないことを保証してあげることがとても大事である。

※1　マーラーによる分離‐個体化の過程で一八カ月から二四カ月の時期は、「再接近期」"rapprochement phase" と呼ばれている。この時期に先立つ時期は「練習期」と呼ばれる。この時期の子どもは、ハイハイやつかまり立ち、そしてついには直立歩行ができるようになり、その結果、急に広がった世界に夢中になり、あたかも母親を忘れて世界に恋するかのような時期である。しかし母親から離れている間にフラストレーションや自分の無力さを味わい、再び母親との関係性の重要さに気づき母親の元に戻ってくる時期である。つまり世界との浮気を母親に詫びて和解を求め、再接近する時期と言える。

3　離婚は自分のせいだと思う――三歳から五歳児

道徳的な判断をしない時期である

「三つ子の魂百まで」と言われるように、この時期に自分および世界をどう認識するかは、生涯にわたって子どもに影響を与え続ける。

またこの時期の子どもは、基本的に道徳的な判断をしないのが特徴である。したがって離婚の事実を知っても、どちらの親が悪いのかといった判断をしない。よほど同居親が他方の親の悪口を言うとか、子ども自身が両親間のＤＶを目撃したり、暴力被害を受けたりということがない限り、この時期の子どもは、普通は中立的なスタンスをとるものである。

意思を知るには同席調停か合同面接がよい

この時期の子どもの意思確認の方法として、同席調停あるいは合同面接が有効だといわれている。松江裁判所の一九九八年の報告によれば、ある親子合同面接において、調査官室におもちゃを置き、三歳の子どもが自然にとる行動を観察していると、箱庭のおもちゃを持ってきて、「ママ、これなあに?」「パパ、これなあに?」と同じ頻度で両親と関わりをもったということである。その姿を見て母親が、それまで拒否していた父子の面会交流を許す気持ちになったと報告されている。

このように三―五歳の幼児は、離婚に際して両親のどちらが悪いのか、といった判断をしない発達段階であるので、こうした中立的な行動をとるわけである。

自己中心の心性をもつ時期でもある

それからもう一つ注意しなくてはいけないのは、この発達段階にある子どもには、自己中心の心性があるということである。

もし家族の皆が幸せであれば、「この幸せは自分がいるからだ」ということで自尊感情を高めることになるが、離婚によって家庭が壊れた場合には、自分が悪い子だったから、あるいは可愛くない子だったからなどといった自責の念から、極端に良い子になってしまうことがある。自分が頑張ってすごく良い子になれば、親はまた元に戻るかもしれないという幻想を抱くからだ。しかもこうした自責の念はかなり執拗に存在し続ける。
したがってこの発達段階の子どもが離婚後に極端に良い子になっている時には、「離婚はあなたのせいじゃないのよ」ということを繰り返し、繰り返し、言って聞かせる必要がある。

退行現象（赤ちゃん返り）が起きてくる

三歳—五歳になれば、母親と離れていても母親のイメージを心の中に保つことができるようになる。つまり対象恒常性が確立してくる発達年齢である。したがって順調に発達していれば母親と別れて幼稚園に行くことができるようになる時期である。
しかし、この時期に親が別居したり離婚したりして片方の親がいなくなったりすると、もう一人の親も自分が幼稚園に行っている間にいなくなるのではないだろうかとの分離不安が高まって、母親にしがみついて幼稚園に行けなくなったり、指しゃぶりをしたり、今まで怖がっていなかった動物を怖がったり、暗闇や死を怖がったり、夜泣きをしたり、赤ちゃん言葉をしゃべるといった退行現象が起きてくる。就学前の子どもの、離婚への最も一般的な反応が、こうした退行現象である。

ここで注意すべき点は、「お父さんとお母さんは別れて暮らすことにしたけれども、何も心配はいらないのよ。お母さんがあなたをちゃんと守っていきますからね」といった保証、あるいは「お父さんとお母さんは別れて暮らすことになったけれど、お父さんともこれまでどおりに会えるし、何の心配もしなくていいのよ。これまでどおりお父さんとお母さんがあなたを守っていきますからね」といった保証を与えることである。こうした保証を与えて親がどっしり構えていれば、退行現象はだいたい二〜三カ月でおさまってくる。しかし対応が悪いと子どもは不安を抱え、いつまでもこうした問題を引きずることになる。

記憶のスパンが非常に短い時期である

もう一つ、別居親との面会交流との関係で大事な点は、五歳ぐらいまでは記憶のスパンが非常に短いということである。私が傍聴した米国の裁判では、裁判官もこの点を考慮して、面会交流を週二〜三回、特に母親が別居親の場合には週四〜五回もの頻度で行っていた。記憶から親が消えてしまわないための配慮である。

日本では、子どもが小さいうちは、監護親である母親の申し出の結果ということもあるが、もう少し大きくなるまで面会交流は待つ、というスタンスを裁判所がとることも多い。別居後に自発的に週一回ぐらいのペースで面会交流していた場合でも、一度離婚が成立して、監護親が渋り出すと、裁判で争ってもなかなか週一回のペースでの面会交流を続けることが難しくなってくる。

しかし、このような監護親の態度、そしてその立場を尊重する裁判所の態度は、子どもと別居親との絆の形成という視点からみると、取り返しのつかない大きな誤りを犯しているといえる。大きくなってから急に片親と面会交流を始めても、しかも日本の面会交流のように年に数回、外で食事をしたりしながら話をするといった交流では、いつまでたっても、どこかよそよそしい距離のある親子関係しか築けないであろう。

怒りの表現の仕方に性差がみられる

親の離婚に対してこの時期の子どもが感じる怒りの表現の仕方には、性差がみられることが多い。一般に、女の子は、親に対する怒りを内に向け、極度に良い子になったり、抑うつ気味になる。またいつも機嫌が悪いといった表現の仕方をすることもある。あるいは怒りが自分に向かって顔をひっかいたり、下着をきつく上に引っ張ったり、靴ひもをきつく縛るように要求したり、といった軽い自傷行為として表現される場合もある。

他方、男の子の場合には、親に対する怒りが友だちへの攻撃的行動に置き換えられたり、遊びの中で、スーパーマンになったり、医者になったり、ゴジラになったりして、自己代理ともいえる子どもを危機から救う、といった行動を示すこともある。

このように同じ親に対する怒りの表現の仕方でも、女の子の場合には、内化行動として、また男の子の場合には外化行動として表現されることが多いといえる。


否認のファンタジー・プレイは子どもを悲しみから守る

この発達段階の子どもは、離婚の意味を何となく理解できる年頃ではあるが、深く理解し、統合することはまだできない。さらに親の別居や離婚に際して感じる混乱や怒り、そして見捨てられたとの悲しみに、何とか対処するために用いられるのが、否認のファンタジー・プレイである。

「この家は両親揃った家です」といったプレイが執拗に繰り返されることもあれば、父親の家出という事実にもかかわらず、ベッドに「パパ」「ママ」というラベルを貼って、両親のベッドを中心にプレイを展開し続ける子どももいる。

こうした否認のファンタジー・プレイは、この時期の子どもを圧倒するような怒りや混乱、そして悲しみから守ってくれているといえる。

見捨てられ体験による傷は癒しがたい

片方の親が、意図的に子どもの世界から消えることを選んだ場合、子どもがその傷から完全に癒えることはないだろうといわれている。私が心理臨床の場で出会ったA男の場合には、慕っていた父親が、五歳の時に突然に家族を捨てて出て行ったばかりではなく、その後何度か父親に会いに行くが、その度に父親から拒絶されるという辛い体験をしている。

後年、成人になったA男と電話で話す機会があったのだが、父親に対する抑えがたいノスタルジーとともに、自分を見捨てた父親への許し難い怒り、そして見捨てられたとの癒しがたい傷、悲しみが依然として残っていた。

「歩く木」のパパと、森に根を張り「育つ木」のママ

三歳から五歳ぐらいの子どもでも、子どもに分かる言葉で両親の離婚の決意を伝えたほうが良いといわれる。その際に、米国では年齢にふさわしい物語を子どもに読み聞かせるとい

う方法がよく用いられる。

三歳から五歳、あるいはもっと年上の子どもを対象として読み聞かせるお話として、松谷みよ子の『モモちゃんとアカネちゃん』（講談社）（一九七四）の中の「森のおばあさん」の部分を勧めたい。いろいろな別れがあるとは思うが、それぞれが良い人なのに、二人で暮らしているとどうしても不幸せになってしまうために、別れを選ばざるをえないような場合の説明には、この物語のようにパパは「歩く木」、ママは、やどり木になれない、とびきり大きく「育つ木」というたとえは、子ども心にもとてもよく腑に落ちると思う。ローズビィとジョンストン（一九九七）は、親の離婚のはざまに立たされた学齢期の子どもたちに読み聞かせる物語として、『海ガメと陸ガメ』を勧めている。どちらの物語にも共通していることは、好きで一緒になったが、一緒に暮らす限り、二人とも幸せには生きていけないということがとてもよく伝わる物語である。

4　深い悲しみに陥る——六歳から八歳児

見捨てられ感が最も強い時期である

六歳―八歳という発達段階は、離婚の原因を自分のせいだとは思わないが、「もし自分がもっと良い子であったならば、あるいはもっと可愛い子であったならば、父（母）親は出て行かなかったのではないだろうか」という思いが非常に強い時期である。その結果、親に見捨てられたという気持ちになり、悲しみがどの時期よりも深い時期であるといわれている。

またその悲しみが強くなる原因として、三歳―五歳児のように両親の離婚を否認して、「両親揃った幸せな家庭」をファンタジーの中で夢想することもできない発達年齢になっていることもある。したがって六歳以前に片親と別れていても、この時期になったときに、両親の離婚という現実に改めて直面し、見捨てられ感を強く感じてしまい、深い悲しみに陥ってしまうことも多い。

転居、親の就労などによる二重、三重の喪失・被剥奪体験も

こうした見捨てられたという思いに加えて、現実世界では、父親が家を出て行き、また別居・離婚以前に専業主婦であった母親も、多くの場合に働きに出て行き、二重の喪失体験をすることが多い。さらに、離婚前の経済的な安定や、安全な未来を失ったとの思いも味わう

子どもが多い。別居・離婚後に、より家賃の安い住居へ引越しをすることも多く、そうした場合には、住み慣れた環境や学校友だちを失うことになる。

こうした二重、三重の喪失体験や被剥奪体験をした子どもが示す症状には、作り話や盗み、そして過食という行為がある。こうした行為の背後には、情緒的飢えが共通してある。

私が一九八四年に米国で調査をしていたときに出会った離婚後のケースでは、「離婚について聞かないで。……お腹がすいてきちゃうから」と訴える子どもがいた。

またこうした被剥奪体験をした子どもとのプレイ・セラピーには、飢えた攻撃的動物が現れてくることも多い。私がプレイ・セラピーの場で出会ったE子（当時六歳）は、初回のセッションで、箱庭の中に、ワニをしっぽだけかすかに見える形で砂に埋め、カンガルーがその上をピョン、ピョンと跳んでいくと、突如、ワニが姿を現し、首に噛みつき食べてしまうという恐ろしいシーンを演じた。

こうした子どもへの対応の仕方としては、まず監護親が、どんな小さなことでもよいので、その子の望みに注意を向け、飢えている気持ちを満たしてあげる、という根気強い対応をすることが大きな救いとなる。

しかし、監護親が離婚後に抑うつ状態に陥り、ひきこもってしまったりすると、子どもは一人でこうした情緒的飢餓感を引きずることになり、離婚の影響は長く続くことになる。こんな時に、別居親との面会交流が続けられていて、その過程で、「父親（あるいは母親）は、別れて住んでいても自分のことを変わらず愛し続けてくれている」ということを知ることができれば、大きな救いとなる。

心の奥底で別居親への忠誠葛藤に苦しむことも

この時期の子ども、特に男の子は、去って行った父親への思慕が強く、父親に非難や攻撃を向けることはめったにないが、一緒に暮らす母親に対して、結婚を壊したことや、父親を追い出したことに対して怒りを向けることが多い。中には、父親が出て行った後に、虐待的だった父親と全く同じ事を母親や時にはきょうだいにし始め、母親がショックを受けることもある。

また別れた両親が敵対的である場合には、たとえ同居する親が別居親に対する怒りや憎しみなどの気持ちをあからさまに表現しない場合でも、子どもは同居親の気持ちを敏感に感じ取って、本当は別居親に会いたい気持ちがあったとしても、会うことを拒否して、一緒に暮らす親の気持ちをなだめようとする。しかし、心の奥深くでは、密かに抱く父親への忠誠葛藤に苦しむことが多いといわれている。

前述したE子（六歳）は、母親によれば、父親に会いたいとも言わないといい、家族画にも、父親は昔一度だけ小さく登場したのみで、「母親とE子と犬」のみが自分にとっての家族だと言う。しかし、E子はプレイの中で、密かに抱き続ける父親への忠誠心を、動物の家族を使って見事に表現したのだった（第三章・事例4を参照のこと）。

5　グレイゾーンを許せない――九歳から一二歳児（前思春期）

「良い親」と同盟して、「悪い親」に復讐する

九歳―一二歳という発達年齢は、道徳観、正義感が強く、白黒をはっきりさせ、グレイゾーンを許せない発達段階にある。こうした心性をもつ年齢の子どもたちは、たとえ離婚前にまあまあ良い関係が両方の親ともてていた場合でも、離婚の責任はどちらにあるのか、またより深く傷つき、子どもの忠誠とサポートを必要としているのはどちらの親なのかといったことを道徳的に判断して、その結果として「良い親」と同盟して、「悪い親」へ復讐するという関係性が生じてくることが多い。

したがって、この時期の子どもを味方にすれば、とても心強い存在である。このため、親が子どもを味方に引き入れようと互いに相手の悪口を言い合い、両親間の葛藤のはざまに立たされる可能性が高い年齢でもある。

しかし、そうした子どもの心性を利用して味方に取り込み、他方の親を子どもの世界から排除するならば、やがて子どもが青年期になった時に、自分を片親から疎外させた親に嫌気がさし、良い関係を維持することができなくなる危険性が高い。

私が、一九八四年に米国での調査で出会ったラリーの両親は、ラリーが幼い時に離婚しており、当時の一般的な慣行どおり、ラリーは母親に引き取られて育った。ラリーは何度も父親に会わせてほしいと母親に懇願したが、母親は頑として会わせようとはしなかった。その後、風の便りで、父親が離婚後に脳腫瘍にかかり、最後は盲目になって死んでいったことを知った。父親の死に目にも会わせてくれなかった母親を、ラリーはついには憎むようになってしまった。そして二〇歳の誕生日を迎えた日に、ラリーはただ一言、「グッド・バイ」の言葉を残して母親の元を去り、その後二度と母親に会うことはなかったという。

見え隠れする別居親への愛情を察してあげよう

したがって、ここで大事なことは、同居親に味方する気持ちの背後に見え隠れしている、「別居親に対する愛情や接触を続けたい」との思いを察してあげることである。つまり別れ住む他方の親を愛することに、後ろめたさを感じさせないようにすることが、何よりも大事であるといえるだろう。またこの時期の特徴として、「身体は大きくなっているが、心はまだまだ子どもである」ということを、忘れないようにする必要がある。

男の子の場合には、父親が家から消えたことに対して、母親を責め、別れ住む父親を恋しく思い、一緒に暮らす母親に怒りを感じ続ける子どももいる。一般には一年ぐらいでこうした気持ちはおさまってくるといわれているが、長くそうした感情を引きずる子どももいる。前述のA男は、一五年経った時点でも、生々しい感情を引きずっていた（第三章・事例1を参照のこと）。

母親と男の子の間の強制と反抗の悪循環

一般に、母親が望んでの離婚でない場合には、心の余裕のなさの結果として、別居・離婚後一年目は、子どもに対するしつけの仕方が命令的になる傾向がある。それに対して男の子が反抗的態度をとって命令に従わないと、母親はさらに従わせようと強制し、子どもはさらに抵抗するといった悪循環が生じてくる。一般に母親が監護親になった時、男の子と母親の関係は、女の子との関係よりも葛藤に満ち、ストレスフルであると報告されている。こうした母親への怒りの気持ちは、男の子の場合には、先生や友だちへの直接的な攻撃的行動に置き換えられて表出されることもある。

女の子の場合には、友だちをつねったり、つまずかせたり、盗んだりといった、間接的な攻撃性の表現となることが多い。しかし、こうした怒りを持続するためには相当のエネルギーを必要とするため、やがて抑うつやひきこもりへと移行していく危険性がある。家でも学校でも話をしなくなり、親も先生も友だちも、何を考えているかが分からず怖い、との思いを抱くようになる。

また皆で仲良く暮らす日がくる——和解幻想を抱き続ける子どもたち

離婚の原因を理解し、別れはやむを得なかった、あるいは別れて良かったと思う子どもでも、依然として、両親が和解してまた皆で仲良く暮らす日を夢想する、という和解幻想を抱き続けていることが多い。私が心理臨床の場で出会ったB子の場合には、五歳の時には、

「自分がうんと良い子になったら両親が和解するのではなかろうか」と思い、八歳の時には、「自分が重い病気になって入院でもすれば、両親が心配して駆けつけてきて、そこで出会った二人は仲直りするのではなかろうか」と思い、一〇歳の時には、「両親揃っている友だちと全く同じことをしたら両親が仲直りをするのではなかろうか」と思ったという。

ジュディ・ブルーム作『カレンの日記』（偕成社）のカレンも、自分が病気になれば、二度と家の中に足を踏み入れなくなった別居中の父親も、自分の部屋までやってくるだろう、そしてママと顔を合わせさえすれば、すべては元にもどるのではないか、……と思い、病気になろうと必死でいろいろ試みる。……セーターをわざと着なかったり、雨の中を雨靴をはかずに歩いたり、足をびしょびしょにぬらしたり……、だが、何の効果もなかった。

次に二人の結婚記念日に、結婚記念カードを送ってみたが、失敗に終わる。それでもカレンはあきらめなかった。……パパが家に来て、ママに会いさえすればすべてはうまくいくはずだ。わたしには分かっている……カレンはこう信じて疑わない。

カレンの兄の家出を契機にパパがついに家にやってきた。やっとカレンが待ち望んだパパとママが二人きりになるチャンスがやってきた。……ところが結果は、カレンの期待と全く逆方向に進んでしまったのだった。つまり両親は和解するどころか、これまでにないほどの激しさでののしりあったのだった。この事件を契機に、カレンは和解幻想をすっぱり捨てて、現実を受け入れていくようになる。

こうした「和解幻想」は、子どもを急激な喪失体験から守る働きをしている。それだけに、幻想から醒めた場合には、子どもは両親の離婚という現実に直面することになり、あらためて深い悲しみに襲われることになる。だが「現実」を乗り越えていくためには、「現実」を直視することがどうしても必要である。

親子間での役割逆転の問題

この時期の子どもの場合、同盟を結んだ親との間で役割逆転が生じることが特に多い。しかも、第一章でも述べたように、離婚後のひとり親家庭における役割逆転は、単なる親子関係の逆転といった単純なものではなく、子どもが母親に対して、保護者、恋人、助言者、調停者、親や親戚に対抗する戦友、さらには抑うつや自我の崩壊を防ぐ重要人物である、といったぐあいにその役割は複雑かつ過重なものであるといわれている。

こうした状態が一年、二年という短期間で終わればよいが、親がいつまでも立ち直れず、しかも子どもがいくら頑張っても親のニーズを本当には満たすことが出来ないことに気づいた時には、子どもは大きな無力感とともに、怒りをも感じるようになる。親から離れようとすると、一方で親を見捨てることに対する罪の意識が生じてきて、結果として、家庭内暴力やひきこもりになったりするということもある。

あるいは子ども時代がなかったために、まじめすぎたり、過剰に強迫的であったり、自分を楽しめなかったり、あるいは自発性の感覚がない、といった性格特徴に育ってしまい、対人関係で苦しむといったことも起きてくる。

分離不安が再燃する

この時期に生じるさらなる問題として、同居親の死を恐れるといった、分離不安の再燃ともいえる問題が生じたり、あるいは無意識裡に「事故に遭ったら皆が自分に注意を向け、ケアしてくれるかもしれない」との思いが動いているかと思えるほど、頻繁に事故に遭うといった問題が生じることもある。

離婚後のより深刻な問題としては、家族成員のそれぞれが、自分のやるべきことをこなすだけのゆとりのない生活になってしまうことである。これは離婚後の家族にかぎらず、現代人の多くがともすれば陥りがちな落とし穴でもあるのだが、離婚家族において特に顕著にみられる。ゆっくりと家族が自分の思いを語りあったり、人生について語りあったりということがない生活は、自分が感じていることを表現することを困難にしたり、さらにはそもそも自分が感じていることが何なのかを感じることさえ困難にしてしまう。

こうした意味で、ゆとりのない生活は、深刻な問題である。こんな時に、別居親と継続的に良い関係が維持できていれば、同居親もゆとりをもつことができ、子どもにとっても救いとなるであろう。後にも述べるが、離婚後に他方の親に対する怒りにいつまでもとらわれるのではなくて、別居親と一緒に子育てをしていくことによって、生活にゆとりを取り戻すことは、離婚を選んだ親の子どもに対する責務といえるだろう。

6　離婚体験をプラスに転ずることも可能——一三歳児以上（思春期・青年期）

最後に、一三歳以上の思春期・青年期の発達段階にある子どもの場合であるが、この時期における親の離婚は、それ以前にある程度安定した家庭環境で育っていれば、比較的容易に克服できるし、離婚体験をプラスに転ずることも可能であるという専門家もいる。

他方で、ワラスティンは、離婚一〇年後の追跡調査結果の中で、両親の別居開始時に一〇代であった子どもが、一〇年後に最も顕著に離婚の破壊的影響を受けていたと報告している。思春期の発達課題は、親からの心理的な「離乳」である。乳児期の文字通りの「離乳」が、母子双方にとって難しい課題となることがあるように、この思春期の心理的な「離乳」も、非常に難しい課題となることがある。それに加えて高校受験等の現実的なストレスも高い時期である。

したがって、この時期の子どもは、最も安定した家庭を必要としている時期であるともいえる。そうした時期に、片親が突然に家を出て行ったりして家庭の基盤が不安定になることは、子どもにとって大きなショック体験である。

この時期の子どもの反応としては、大きく分けると、親に向けるべき怒りを内に向けて抑うつ状態に陥り、登校を渋ったり、不登校になったり、ひきこもったりする場合と、親への怒りが置き換えられて外に向けられ、学校で攻撃的行動をとったり、あるいは非行に走るなどという場合がある。

以下に二つの事例を紹介したい。一つめは、抑うつ状態になり、勉強もしなくなるといった内化行動の形で不適応に陥った事例であり、もう一つは、校則違反行為をして、停学処分になるといった外化行動の形で不適応に陥った事例である。

【事例1】親への怒りが内に向かい深い抑うつ状態に陥った一六歳の長男

私の米国の友人の一人であるデヴィッド（仮名）（四五）は、結婚生活二〇年後に妻（四一）と別居し離婚した。離婚を望んだのは妻のほうであった。別居当時、子どもたちは、長男一六歳、長女一四歳だった。

離婚後も両親は近くに居を構え、子どもたちも月の半分ずつを両親と暮らすという共同養育の取り決めがなされた。しかし長男は、両親が別居・離婚したことに対してひどく腹を立て、やがて深刻な抑うつ状態に陥り、勉強もしなくなってしまった。父親デヴィッドも、離婚後は親子関係がすっかり変わってしまったと嘆く。離婚前であれば、子どもたちに対して「そんなことするな！」と言っていたような場合でも、今では何も言えなくなってしまったという。離婚したせいで親の権威がすっかり失墜してしまったわけだ。

長男がこうした不適応状態を克服して前向きに生き始めるまでには、その後五年という長い歳月を要している。妹のほうは、一時的に不適応に陥ったこともあったが、兄と比べてははるかに適応が良かった。

【事例2】親への怒りが校則違反行為へと向かわせ停学処分を受けた一五歳の長男

私が一〇年以上前に家事調停の場で出会ったケースでは、長男が中学三年という大事なときに、母親が突然に家を出るという形で別居が始まった。その後、これまで真面目一筋だった長男が、ある日突然、髪を脱色し、ピアスを着用し、校則違反で三週間の停学処分を受けることになる。しかし、本ケースにおいては、こうした長男の突然の変貌にびっくりした両親が、賢明にも自分たちがいがみ合っていることが子どもに悪影響を及ぼしていることに気づき、結果として長男は早期に立ち直ることができている。

上記のような状況で、両親が本事例におけるほど冷静かつ賢明でないと、子どもの変貌ぶりを「自分たちがいがみ合っていること」つまり「両親の関係性」に帰するのではなくて、相手の「家出」や相手の「しつけ・教育の悪さ」、つまり「相手の責任」に帰するということになってしまう。そして子どものために争っているつもりが、いつのまにか子どもを置き去りにして夢中でいがみ合い、闘いをエスカレートさせていくことになる。そうなると子どもは、ますます非行化の道を進まざるをえなくなる、ということになってしまう。

離婚自体が子どもに害があるのではない——体験をプラスに転ずる可能性を求めて

事例2の場合には、子どもからのメッセージをしっかり受け止めた両親が調停の場で話し合い、その後は、両親がいがみ合うことをやめて、家を出て行った母親と子どもが自由に行き来できるように対応したのだった。その時に父親が語った賢明な言葉を私は今も忘れることができない。

「どこまでいっても父親と母親だ。子どもの取り合いをしてるんではなしに、子どものことだけ考えなあかん。父親と母親が一緒を子どもは願っている。その気持ちを汲んで、自由に行き来できるようにしたい。父親がいなくても母親がいなくても子どもはダメだ！」

この例のように、子どもの気持ちに共感した見事な対応ができる両親の離婚の場合には、離婚後も子どもは両親との良い関係を続けていくことができる。たとえ一時的に不適応行動がみられても、長い目でみれば、この発達段階にある子どもは、親の離婚体験をプラスに転じていくことが可能であると思う。

第三章　事例からみる——子どもにとって辛い離婚、救われる離婚

この章では、事例をみながら、子どもがどのような離婚の時に適応が悪くなり、またどのような時にそれほど悪影響を受けずにすむのかをみていきたい。

事例に入るまえに、まず、通常の家庭の子どもに比べて、離別家庭の子どもたちはどのような状態にあり、どのような影響を受けることになるのかを、研究成果を踏まえながらみていきたい。

1　離別家庭の子どもは非離別家庭の子どもよりも適応が悪いのか

離別家庭の子どもは平均的に言えば適応が悪い

一九九一年にアマトとケイスは、就学前から大学生までの一三〇〇人以上の子どもが含まれる九二の研究の結果を集めて、さらに分析（メタ分析）したところ、離別家庭の子どもは非離別家庭の子どもと比べて、平均的に言えば、より多くの問題を抱え、そのウエル・ビーイング（身体的・心理的・社会的適応度）はより低いという結果がでたと報告している（図3—1参照）。

また同様に、アマトとケイスは、子どもの時に親の離婚を経験した八万人以上の成人を対象とする三二の研究結果を集めてメタ分析を行っている。

その結果によれば、平均的に言えば、親の離婚は子どものライフ・コースにまで影響を及ぼしていた。つまり、非離別家庭で育った人と比べて、離別家庭で育った人たちは、心理的適応度、教育程度、職業上のステイタス、生活水準、そして結婚生活における満足度などがおしなべて低く、離婚する危険性、あるいはひとり親になる危険性も高く、行動上および健康上も、より大きな問題を抱えていた。

一九九七年にワラスティンによっても、同様の報告がなされている。この研究は子ども一三一人を対象として二五年にわたって離婚の影響を追跡研究したものである。

図3-1　離別および非離別家庭の子どものウエル・ビーイングの典型的分布

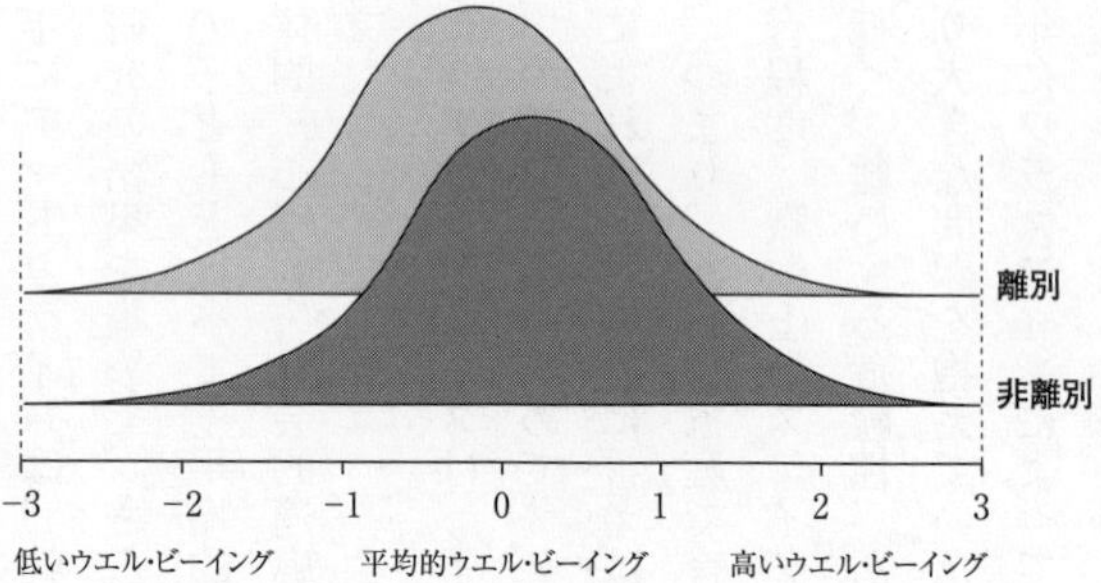

出所：Amato P.R. (1994) Life-span adjustment of children to their parents' divorce. *The Future of Children: Children and Divorce.* 4(1), p146より引用

その結果によれば、離別家庭および再婚家庭の子どもは、非離別家庭の子どもと比較して、反社会的な行動や、権威者へのより直接的な攻撃的行動、仲間との対人関係の困難さ、抑うつ状態や学習困難、そして中途退学者が多いばかりではなくて、親の離婚を経験した成人は、そうでない成人と比べて、心理的安寧感が少なく、行動上の問題が多く、教育程度や生活水準が低く、結婚生活での満足感が少なく、離婚する危険性そしてひとり親になる危険性が高く、心理的に不健康であることが多いと報告されている。

私は一九九八年にワラスティン宅を訪れて、彼女から直接に話を聞く機会をもった。その時に語られたことで強く印象に残っていることとは、「一般的に言って離別家庭は、非離別家庭に比べて、脆《もろ》くて、また子どもの変化していくニーズにも相対的に対応していない」との指摘であった。また、こうした問題は、再婚家庭においても、同様にみられること、そして離別家庭の子どもの問題では、精神的健康状態ばかりではなくて、身体的な健康状態についても注意を向けなければいけないことを強調していた点も印象深い。

ワラスティンがこうした話をしながら、ゴム人形を何度も手の上で崩れ折れさせながら、「脆い、脆い、brittle, brittle……」と繰り返していたのが目に焼き付いている。

このように、ワラスティンも両群の比較をしているが、その結果の違いはあくまでも一般的に言えばということであり、その点ではアマトとケイスが平均的に言えばと限定を付けて言っているのと重なる報告であるといえる。

離別家庭の子と非離別家庭の子にはかなりの重なりもある

このように離婚が子どもに与える精神的・身体的影響は、かなり長期にわたり、かつ深刻なものであることが分かる。しかしこれはあくまで、平均的に言えば、のことであり、図3からも分かるように、両群の間にはかなりの重なりもあることを認識しておく必要がある。

ワラスティン（自宅で）

つまり、非離別家庭の子どもでも、性的虐待や身体的虐待、あるいは心理的虐待やネグレクトといった深刻な虐待環境に置かれているような場合や、両親間の身体的・心理的虐待（DV）を目撃し続けているような場合、あるいは親がアルコールや薬物に依存しており不安定かつ混乱した環境で育っている場合、あるいは親が何らかの精神的疾患を抱えているような場合、そして両親間の葛藤が非常に高いような場合などは、非離別家庭の子どもであっても、離別家庭の子どもに劣らず環境からの深刻な悪影響をこうむっており、彼らの長期にわたるウエル・ビーイング、つまり総合的な適応度は、低くなることが予測される。

ヘザリントンとケリー（二〇〇二）も、同様の指摘をしている。つまり、離別家庭のみならず、葛藤の高い非離別家庭で育ったヤング・アダルトの多くは、結婚してもパートナーとの交渉の仕方、妥協の仕方、尊重されていると感じさせる仕方、感情をコントロールする仕方、敵意を低めるためのユーモアの用い方などを知らずに大人になっているために、結婚を維持していくことが困難である。

2　子どもの適応に影響を与える要因は何か

親側の要因と、子ども側の要因

離婚後に子どもの適応に影響を与える要因は何かとの問いにアマトは、次のような要因をあげている。

第一の要因として片親の不在の問題がある。米国では別居親に相当なる面会交流権が法律的に保証されており、また共同監護（養育）も選ぶことができるようになったとはいえ、未だに八～九割の場合に母親が日常の世話をしており、日常生活においては父親が不在であるという状況である。残りの一～二割の場合には母親が日常生活において不在であるという状況である。

二番目の要因としては、同居親の適応度と親機能水準の問題がある。つまり同居親がどの程度適応し、親としてどの程度機能しているかという問題である。

三番目の要因として、別居・離婚後の両親間の葛藤の程度の問題がある。一般には、第一章でみたように、紛争のピラミッドの上のほうに行くほど葛藤が高いといえる。つまり協議離婚ができず、家事調停の場でも合意に達することができずに、裁判で争わざるをえないような離婚は両親間の葛藤が最も高い場合といえる。

四番目の要因としては、監護親の経済的水準の問題がある。これも八〜九割の場合に母親が監護親になるので、多くの場合は離婚後の母子家庭の経済的水準の問題といってよい。

その他の要因としては、子どもが抱えている生活上のストレス要因と、ストレスに対するサポートの程度の問題である。

しかし、離婚が子どもにどのような影響を与えるのかを考える際には、こうした離婚後に生じてくるさまざまな要因に加えて、離婚前の両親間の葛藤度や親子関係の善し悪し、さらには子ども側の要因や親側の要因も考える必要がある。

子ども側の要因としては、その子の性格や性別、年齢やもともとの適応度、さらにはストレス対処能力や両親との関係といった問題を考える必要がある。

また親側の要因としては、親の性格や離婚をした時の年齢、そして性別や抱えるストレス度、さらにはストレスへの対処能力、そして別れた他方の親との関係、そしてサポートがどの程度あるかといったことがある。

したがって複数のきょうだいがいる場合には、きょうだいそれぞれに与える影響は大きく異なってくるわけである。

「離婚という出来事」自体が子どもに永続的な傷を与えるわけではない

ワラスティンやヘザリントンなど、米国では多くの離婚研究がなされているが、これらの先行研究によれば、離婚という出来事自体が、子どもに永続的な心の傷を与えるわけではなく、普通は、家庭の崩壊という移行期の危機は、二～三年ぐらいでくぐり抜けられるといわれている。

つまり、両親の別居・離婚後一年目は、ほとんどの子どもが混乱したり、不安定になったりするが、二年目には、徐々に落ち着きを取り戻してくる。しかし、悪条件が揃ってしまうと、移行期の危機体験が一時的なものにとどまらずに、一〇年、一五年、時にはさらに長期化することになる。

したがって、「親の離婚は子どもにどのような影響を与えるのか」、という一般的な問いかけではなくて、「離婚の前後にどのような要因があれば、あるいはどのような条件が揃えば、子どもはいつまでも親の離婚を克服できず、その発達が深刻に阻害されてしまうのだろうか？」、あるいは、「離婚の前後にどのような要因を作りだせば、あるいはどのような条件が揃えば、子どもは親の離婚を克服して前向きに生きていけるのだろうか？」――こうした具体的な問いかけこそが、離婚をしようとする親には必要となってくる。

離婚前の家庭が子どもにとってどの程度ストレスフルであったか

一般に、結婚生活の中における両親間の葛藤が高い時には、結婚生活を維持すること自体が子どもに悪影響を与えるといわれている。

しかし、私自身の心理臨床経験からいえることは、夫婦が感じているストレス度と、子どもが感じるストレス度とは、必ずしも一致しないということである。このことは、子どもにとって、親の離婚の理由がみえているかどうかとも関連してくる。

普通は、両親間の葛藤が高ければ、そこに巻き込まれた子どものストレス度も高いので、結婚生活を続けることは、確かに子どもにとって悪影響があるといえるだろう。しかし、夫婦間の葛藤が非常に高く、子どももその葛藤に晒されてはいるのだが、両親がともに子どもをとても可愛がっているというような場合には、離婚は葛藤からの解放であるという意味では救いとなるが、その後に片方の親と会えなくなったり、母親が急に働き出して不在になったりすると、そう単純に、離婚が子どもにとって救いである、といえないこともある。

また両親間の葛藤は高いのだが、そうした葛藤が子どもの目から上手に隠されていたような場合には、子どもの年齢にもよるが、突然の親の離婚は、子どもの目には理由が分からず、トラウマ体験となる可能性もある。

表面的には平穏に、そして子どもの目から見ると幸せそうに笑ったりして暮らしていた親からの、「実は長い間、心が冷え切って暮らしていたのよ」との告白は、時に子どもにとって、人を信じることを危うくさせる体験となりうる。

したがって、子どもにとっても親の離婚が救いとなるような場合とは、親が結婚生活を続けること自体が子どもにとってもストレスフルで発達阻害的であるような場合といえる。

こうした発達阻害的環境として考えられるのは、父親が母親に暴力をふるったり暴言をはいたりするＤＶ家庭、あるいは父親（あるいは母親）が子どもを虐待する虐待家庭、あるいは一方の親がアルコール依存症あるいは薬物依存症で子どもへの暴力あるいは配偶者への暴力が出るといった非常に不安定な家庭の場合などが考えられる。しかし、こうしたＤＶ家庭であっても、父親が子どもには暴力をふるうことなく可愛がっているような場合には、子どもは父親に対して愛憎交錯する両価的な感情を抱き、苦しむことになる。

他方で、性格の不一致や自己実現を理由とする離婚のように、子どもの目に離婚理由が見えにくいような場合には、「なぜ親が離婚を選ぶのか、離婚した後に、子どもたちの生活に対して両親がどのように責任をとっていくつもりであるのか」について、特にしっかり説明をするとともに、保証を与えていく必要がある。

きょうだい間でも異なってくる離婚の影響

前述したが、離婚が子どもに与える影響といっても、複数のきょうだいがいる時には、それぞれ個別に考えていく必要がある。

子どもへの虐待が離婚理由であるような場合でさえも、虐待親に精神的疾患やアルコール依存ないし薬物依存などの問題がない場合には、何らかの理由から「可愛くない子」であるとか「期待はずれの子」であると認知された一人の子どもに虐待が集中することがほとんどである。したがって、両親の離婚は、虐待を受けていた子どもにとっては虐待親からの解放であり、救いとなるが、虐待を受けていなかった他のきょうだいにとっては、出て行った親が恋しいといったことも起きてくる。もちろんきょうだいへの虐待を目撃するという苦痛からの解放であることは間違いない事実ではあるのだが。

ホームズとラーエ（一九六七）による人生の出来事スケールによれば、夫婦にとって、離婚は配偶者の死に次いで、ストレスの高い出来事であり、ストレス価は、配偶者の死を一〇〇とすれば七三であるといわれる。しかし、これもあくまで平均値であって、離婚理由が何なのか、また望んだ離婚なのか、やむなく応じたものなのか、あるいは離婚当事者の性格、年齢、性別その他の条件の違いによって親の抱えるストレス度にも大きな個人差がある。

ワラスティンら（一九八九）の別居・離婚後一〇年目の追跡調査の結果からも、また私自身のアメリカで行った面接調査（一九八九）の結果からも、自ら望んで離婚した当事者の多くは、その後、再婚を含めて全体的に生活の質を向上させていたのに対して、離婚を求められた側、あるいは相手の不倫や子どもへの性的虐待、あるいは多額の借金などの発覚によって離婚を選ばざるをえなくなった当事者の場合には、別居時点で高齢であればあるほど、五年後、一〇年後の時点での再婚率は低く、また喪失感や孤独感そして抑うつ感といった精神的な不調を訴えていた。

このように、親側の離婚後の適応度にも大きな個人差があり、したがって監護親あるいは別居親の離婚後の適応度いかんによって、子どもの適応度もまた大きな影響を受けることになる。

3　短期的な影響と長期的な影響がある

「離婚という出来事」による影響、「ひとり親家庭という状態」から生じる影響

離婚の子どもへの影響を考える際には、時間軸を抜きにしては語れない。ワラスティンらも、離婚後二五年にわたる追跡調査を行っているが、ヘザリントンを中心として行われているヴァージニア継時研究（ＶＬＳ）もまた、離婚後二〇年にわたる追跡調査を行っている（ヘザリントンとケリー、二〇〇二）。日本では、ワラスティンらの研究のように翻訳書も出ておらず、あまり知られていないが、この研究の一番の特徴は、離別家庭のみを対象とするのではなくて、非離別家庭をも比較群として研究対象としている点である。

ヘザリントンらは、こうした追跡調査の結果から、「離婚の影響」を考える時には、別

居・離婚直後の葛藤や、喪失体験や変化、そして不確実さといった要素と結びついたストレスから生じる短期的影響と、離婚後のひとり親家庭に伴って存続する経済的、環境的、社会的、情緒的問題に関連するストレスから生じる長期的影響とに分けて考える必要があると指摘する。

離婚の子どもに与える影響を考える時にも、短期的影響と長期的影響に分けて考え、かつ両方の視点から考えるということが非常に大事である。つまり、結婚生活が崩壊してひとり親家庭へと移行する過程で生じるストレスは、一年後ぐらいがピークであり、その後は、家族成員それぞれが、そうした変化に伴うストレス反応を克服して、数年のうちには各家族成員が新たなバランスを取り戻すというのが一般的な離婚後のプロセスであるといわれている。したがって、その後も五年、一〇年と長期にわたってストレス反応が続くような場合には、離婚という出来事自体によって生じてきている問題というよりも、ひとり親家庭の中で生じてきた貧困といった経済的な問題や、あるいは別れた相手との間の引き続く葛藤、あるいは監護親の抑うつ状態といった精神的な問題など、さまざまな悪条件によって引き起こされている問題であるので、両者は区別して考える必要がある。

再適応する人と、長期にわたる不適応に陥る人

ワラスティンらは、離婚六〇家族の家族成員全員（子ども一三一人）に対して、一年半後、五年後、一〇年後、二五年後という長期にわたる追跡調査を行っている。

その結果分かったことは、結婚が破綻して、別居、離婚と移行していく過程は、人によってさまざまな経過をたどるということであった。

つまり二〜三年のストレスフルな移行期を経た後に、新たな適応状態に至る人から、一時的には適応しているようにみえても、遅延効果で五年、一〇年経ってから不適応に陥る人、あるいは、いつまでも離婚という体験を克服できずに一〇年、二五年と引きずり続ける人といったように、個人差が大きいということであった。

ヘザリントンとケリー（二〇〇二）もまた、一四〇〇家族の二〇年にわたる追跡調査の結果から、離婚後には、「勝者」と「敗者」の二つのカテゴリーに属する人たちがいるのではなくて、その適応の軌跡は個人差が大きく、また今日においては、人生の生き方も六〇年代、七〇年代とは比較にならないほど多様になってきていると指摘する。そして離婚群を六つのカテゴリーに分類している。

一つ目のカテゴリーは、①「高まった人 Enhancer」であり、離婚群の二割ぐらいの人た

ちがこのカテゴリーに該当するという。「高まった人」の特徴としては、仕事のみならず、社会的にも、親としても、またしばしば再婚家庭においてもうまくいっている点であった。伝統的な「勝者」というカテゴリーにもっとも近いタイプではあるが、大事な点で大きく違っている。それは、伝統的な「勝者」は、「離婚体験にもかかわらず」種々の点でうまく生活できている人たちということであったが、この「高まった人たち」は、「離婚体験ゆえに」現在の豊かな人生があるという人たちである。つまり、もし離婚していなければ、その持てるいろいろな能力は、潜在的なものに留まっていた可能性があるといえる人たちである。

二つ目のカテゴリーは、②「有能な一匹狼 Competent Loners」ともいうべき人たちであり、離婚群の一割ぐらいがこのカテゴリーに該当するという。このカテゴリーに属する人たちは、①のカテゴリーの人たちに近いが、大きな違いは、彼らは、連れ合いを必要としないし、欲しいとも思わない人たちである。結婚や長期的な連れ合いなしでも、一人で十分に意味ある幸せな人生を送ることのできる人たちといえる。

三つ目のカテゴリーは、③「まあまあの Good Enough 人たち」であり、離婚群の四割ぐらいであり、このカテゴリーに該当する人が最も多いという。このカテゴリーに属する人たちは、離婚の影響が、良い意味でも悪い意味でも、残らなかった人たちであり、彼らは、別の相手と再婚し、新たな結婚生活を送っているが、前の結婚生活におけるのと同じ問題を抱えて暮らしていた。

四つ目のカテゴリーは、④「探し求める人たちSeekers」ともいうべき人たちであり、その特徴としては、すぐに再婚することである。このカテゴリーに属する人は多くの場合、男性であったが、一人では根無し草のように感じてしまう人たちである。彼らの人生に構造と意味と安全基地を与えるためには、結婚を必要としているのである。このカテゴリーに属する人で結婚していない人は、非常に不幸せで臨床的にうつ状態にある。また他のカテゴリーに属する人と比べてアルコールの問題を持っていることが多かった。

五つ目のカテゴリーは、⑤「放蕩者たちLibertines」ともいうべき人たちであり、このカテゴリーに属する人たちは、④の対極にある人たちといえる。彼らは、離婚後に、再婚という新たな制限ではなくて、自由を求める。若い服装をして、スポーツカーを乗り回し、カジュアル・セックスを求めたり、シングル・バーに出入りするのは、このカテゴリーに属する人たちが最も多かった。しかし、離婚後一年経った頃には、自分の自由に満ちた人生を空虚に感じ始め、より安定した、コミットした関係を求め始める。

最後のカテゴリーは、⑥「敗北者たちThe Defeated」ともいうべき人たちであり、このカテゴリーに属する人たちは、うつ状態、物質乱用、無目的感に屈服してしまう。このカテゴリーに属する人たちの中には、仕事も家も、二人目の連れ合いも子どもたちも、自尊心も含め、すべてを失ってしまった人もいる。中には、何とか人生を立て直した人もいるが、しかしその人生は喜びを失ったものであった。

このように、親側の離婚後の適応・不適応には、大きな個人差がみられるが、前述したように、こうした場合にもどのような要因が、こうした適応と不適応を引き起こしているのかを具体的に考え、対応していく必要がある。長期にわたって不適応に陥っている人は、自分一人で抱えこんでいても解決の糸口を見つけることはなかなか難しいので、カウンセラーに相談したりする必要がある。

4　事例からみえてくること

子どもの「レジリエンス」（逆境を跳ね返す力）をサポートできるか

親の離婚という人生の出来事を経験しても、ある子どもは、その後の人生を適応して生きていくのに対して、ある子どもは、いつまでも受けた傷を引きずり続けていく。

その違いを分ける要因は何かを理解する上で、「レジリエンス」（逆境を跳ね返す力）という概念が有用であると、近年考えられている。離婚に限らず、人生上の種々のリスクに晒された場合でも、同様にこのレジリエンスという概念が有用となってくる。

一般に、レジリエンスの高い子どもは、レジリエンスの低い子どもよりも、知的に高く、自尊感情や社会的能力が高く、神経質でないといわれている。

しかし、同時に、家族や教師、仲間によるサポートが大きく、また経済力やコミュニティ・サービスによる守りも大きいといわれている。

つまり逆境を跳ね返していく力は、その子どもに元々備わっている力だけでは十分ではなく、その子に対する守りやサポートがどれだけあるかが大きく関わってくるといえる。

したがって、親が離婚した結果、子どもが不適応に陥るリスクが高い状況にあるときには、監護親をサポートするとともに、子どもを守り、サポートしていくことを通して、子どもが逆境を跳ね返して生きていくことを助けていく必要がある。

以下は、私が心理臨床の場で出会った離婚ケースの中からいくつかの事例を取り上げて、離婚前後の条件、および親子の性格、そして親子の年齢、性別、全般的な適応度、ストレス対処能力の違い、そして監護親と子どもの関係、別居親と子どもの関係、サポートの多寡などの違いを考慮に入れて、家族成員それぞれの適応の軌跡をみていくものである。ただし、プライバシー保護のために、考察に支障がないかぎり必要のない情報は大幅に削除してある。

【事例1】離婚の悪影響を長く引きずった事例

毎朝、頭痛、腹痛、吐き気、気分の悪さを訴える小学六年の長男A男

母親が来談した時に語ったA男に関する訴えは、ここ半年以上もの長期にわたって、A男が毎朝、頭痛、腹痛、気分の悪さを訴えているということであった。またA男は、遊ぶこともなく、宿題もせず、勉強もせず、「イライラする！」「しんどい！」を連発し、口を開けば、父親のこと、自分はろくな人間にはならないだろうという話、人は信用できないという話、になるという。原因は、六年前、つまりA男が五歳の時に起きた両親の別居と、その後の離婚だとは分かっているが、どう対応したらよいのか分からない、と母親は訴えた。

A男とは四〇代の私が五〇分間のプレイ・セラピーを行い、その後に私が母親と五〇分間の面接をするという形で開始された。期間は、A男とは、中学に入学するまでの一年弱であった。母親はその後も継続して来談した。

A男が、「もう僕は元気になったから、来週から妹を頼む」と、まるで保護者のような口調で私に頼んで去っていった翌週から、小学三年の妹（B子）が来談し始めた。母親によるB子に関する訴えは、「相手の顔色を見て行動し、素直に気持ちを表現しないので、何を考えているのかが分からず怖い」というものであった。A男の場合と同様に、まずB子と五〇分間のプレイ・セラピーを行い、その後に母親と五〇分間の面接を私が一人で担当した。（ただし、A男の場合もB子の場合も、子どもたちの送り迎えは母方祖母がしていた。したがって、母親の面接が始まる前に子どもたちは帰宅していた。）

期間は、B子が中学に入学するまでの三年弱であった。二人の子どもが終結した後も、母親は本人面接に切り替えて来談し続け、結局、別居後一五年以上の母子の適応の軌跡に私が関わることになった。

本事例の両親の別居は、巷《ちまた》によくある「嫁―姑」間の極度の葛藤と、葛藤のはざまに立たされることに疲れ果てた父親が、ある日突然に家族を捨てて家を出てしまったことによって、始まっている。

当時五歳だったA男には、父親の記憶、そして両親間の喧嘩の記憶が、生々しい外傷記憶として残っていた。これと対照的に当時二歳であったB子の場合には、幸いにも当時の記憶は全く残っていない。さらにA男の場合には、別居後、父親に何度か会いに行くが、その度に父親から拒絶されるという辛い体験があった。

数年間の別居後に、父親から離婚調停の申立があったが不調に終わり、裁判でも争われたが、最終的には母親は、親権者になる以外は、父親側の条件をすべて飲む形で和解離婚している。父親から子どもとの面会交流の希望がないことを幸いに、母親も子どもの問題には一切触れずに離婚に至っている。したがって離婚後、子どもたちは父親に全く会っていない。

別居後二年ほどして、母親は二人の子どもを連れて実家に戻り、これまでずっと専業主婦できたがフルタイムで働き始める。残業も多く、子どもたちは短期間のうちに実質的に両親を失うことになった。実家の祖父母は娘の離婚を受け入れがたく、したがって実家での生活も決して平穏ではなかった。しかし、少なくとも祖母は孫たちの世話は献身的にしてくれており、この点が、本事例における救いであった。

親としての機能の極端な低下――長男の親化現象と長女の過剰適応

別居後の母親の適応状態は最悪であった。母親にとって夫の突然の家出は、大きなショック体験であり、混乱の極致に陥った母親は、その後長く希死念慮が絶えず、精神安定剤を常用し続けねばならなかった。また激しい体重の増減も見られた。

結果として、母親としての機能水準が極端に低くなり、長男には、母親を支えようと親化したため、極端に大人びた面と極端に幼い面が同居する、脆《もろ》さを特徴とする疑似成熟がみられた。他方長女には、母親の注意を惹こうとして極端に良い子になるという過剰適応がみられた。


家庭環境の変化を伝えなかったために、小学校で異常児扱い

両親の突然の別居という急激な家庭環境の変化に対して、A男は必死になって適応しようとした。もともとA男は父親っ子であったので、突然説明もなく家を出て行き、また会いに行っても拒絶する父親に対して、激しい怒りと、「見捨てられた」という悲しみを感じたであろうが、その怒りと悲しみは、父親に直接向けられることはなく、置き換えられて、学校では教師や友だちに、また家庭では妹に激しい攻撃的行動となって向けられた。

こうして小学一年から二年にかけて、A男は学校や家庭でさまざまな問題行動を起こした。しかし、担任が家庭に連絡しても、教師に対する不信感の強かった母親は、家庭環境の大きな変化について隠し通したために、結局、A男は問題児扱いされてしまうことになる。

小学三年時に母親の実家に転居し、学校も転校し、しばらくは表面的には小康状態にあるようにみえていた。しかし後に本人が私に語ったところによれば、実はこの時期もA男にとっては怒りと悲しみに翻弄された辛い時期であり、その攻撃性はアリや猫などの小動物虐待に向けられていたという。

子どもの身体化症状――頭痛・腹痛・吐き気

小学六年頃から、A男は毎朝のように頭痛、腹痛、吐き気を訴え、遊ぶこともなく、宿題も全くせず、心配した母親に連れられて私の元に来談しているが、親の離婚に反応する子どもの症状としては、こうした身体化症状は、退行（赤ちゃん返り）とともに頻繁にみられる。

対人恐怖とひきこもり、そして家庭内暴力

私とのプレイ・セラピーを終結した後、高校二年までの五年間は小康状態が保たれていたのだが、高校三年になった頃から、人が怖いと言いだし、ナイフを持ち歩くようになる。やがて、怖さのあまり人を殺してしまうのではないかということを恐れて外出できなくなり、不登校、高校中退、ひきこもりに至る。その間に激しい家庭内暴力が起きる。

危機介入目的の電話面接――埋葬と亡霊

こうした家庭内暴力という危機を経た後に、突然、母親を通して、「今は外に出られないが、来談できるまで電話面接をしてほしい」とのA男の希望が伝えられ、最終的には九回の電話面接を行っている。

初回の電話面接。「地獄を通り抜けたという感じ……。よく死なずに通り過ぎることができたと思う……。このままではいけない……との思いが少し出てきた」「小さい頃に、脚がガタガタ震えるほど怖い思いをしたことがある。だから家庭不和や喧嘩をしているのを見ると、その時の震えが戻ってくる。……今、一番の願いはこれまでずっと欠けていた静けさと心の平安だ……」

父親の突然の家出に始まる両親の別居・離婚であったが、それ以前の不和や喧嘩をA男は目撃しており、一三年も経った今でも当時の外傷記憶を生々しく、まるで昨日のことのように語った。

三回目の電話面接。父親との思い出が語られた。「緑の茂った所で父に肩車してもらっている……。周りの木々がざわめき、父と虫採りをしている……」。昔住んでいた場所は、母親にとっては「イヤな思い出ばかりの場所」、自分にとっては「懐かしい場所」と、母親と自分の思いの違いも語られた。

こうして話すうちに、「忘れていた、いや忘れようとしていた父親に会いたいとの気持ちが湧いてきた……」と語るが、直ぐに「でもどうしようもないけど……」と現実に自分を引き戻すA男に接しつつ、切なさが胸をついた。

五回目の電話面接では、ずっと頼りなかった母親への恨みが語られた。

六回目の電話面接では、「過去は全部、箱の中に閉じこめて、しっかり蓋《ふた》をして時々必要なものだけ取り出していったらいいと思う」と語られた。A男にとっては、過去は未だに、しっかり埋葬しておかねば、生々しく蘇る亡霊であることを物語っているといえる。

七回目では、「基本的には、上を向いて歩いて行こうと思うようになってきた」と前向きな気持ちが語られる。しかし、八回目では、「夏の日に幼児が昼寝していて、そこに涼しい風が吹いてきて、外からは物売りの声が聞こえてくる。そんな、のんびりした風景が浮かんでくる。そんなことがあったような気がする……。ずっとこのままボーッと一生終えてもいいんとちがうかな……と思ったりする……」との気持ちが語られ、その傷の深さを改めて思い知らされる。

九回目では、友だちと海に行ってきたことが語られる。「何といっても海だから……」「海では、ブクブクもぐって沈むに任せるのが好きだ」「原付の免許も取り、中古の原付も買った。おかげで行動範囲がぐんと広くなった」「バイトのほうも、ボチボチやっている。こんな感じでやっていけば、何とか道がついてきそうな気がする……」と前向きに生き始めていることを最大限に私にアピールし、昔と同様に「もう、大丈夫だから……」との言葉を残して終結に至った。

母親から伝え聞くかぎり、その後の道も決して平坦ではなかったものの、大検にも無事合格し、その後は福祉関係の仕事を地道に続けているということである。

過剰適応と良い子症候群

他方、妹のB子は、突然の家庭の崩壊によってすっかり混乱し、情緒的な応答性をなくした母親の側で、九歳頃まで過剰適応して育ってきた。B子はA男と対照的に、家でも学校でも極端に良い子であり、学業成績も優秀であった。しかし小学三年の時に、良い子で生きることに疲れて果て、部屋の中央に茫然《ぼうぜん》自失の状態で立ちつくし、その姿に接して母親はびっくりする。

B子の第一印象は、身体的には健康そうに見えるが、全般的に抑うつ気分が漂っており、動作もゆっくりで子どもらしさがなく、言葉も行動も統制がききすぎて、極端に「良い子」というものであった。また表情も暗く、変化に乏しく、他人に甘えたり、依存したりすることが苦手で、どんなに辛くても、しんどくても一人で黙々と頑張るという印象をも与えた。

その後のプレイ・セラピーの過程で、情緒的に応答してくれない母親、働き過ぎの母親に対する怒りや淋しさ、そして「両親揃った家族」に対する羨望の気持ちなどが、堰《せき》を切ったように象徴的な形で次々と表現された。

B子の三つの願い

「もしも、ドラえもんがいてね、願いごとを三つだけかなえてあげると言ったら、Bちゃんは何をお願いするかな?」との問いかけに、B子は、一つ目に、「お母さんの歳が止まること。だってお母さんが願ってることだから」といい、二つ目に「宿題がないこと」を願い、三つ目に「お母さんの休みがもっと多くなること。だってもっと遊んでもらえるから」と答えた。母親の願いを自分の一番の願いとしているのが印象的であった。

両親の離婚によって片親を失った今、残された監護親は子どもにとっては「命」ともいえるほど大事な存在になる。プレイ・セラピーの場で出会う子どもたちの中には、実際に、「お母さん、命!」と言う子もいるほどだ。父親を失った今、母親を失えば命をも失う。子どもがこんな不安を抱えていることを大人は決して忘れてはいけない。

二つ目の願いは子どもらしいものであり、ほっとする。

三つ目の願いは、経済的理由から母親が長時間労働をせざるをえない離婚家庭の子どもたちの共通の願いといえる。

淋しさや怒り——ネガティヴな気持ちを表現できるようになる

本事例の場合には、監護親である母親の長期にわたる適応の悪さと、親機能水準の極端な低下、さらに情緒的応答性のなさといった問題から、B子は母親の注意を惹こうと過剰適応し、極端に良い子になって、ある日突然に壊れてしまったのだった。

三年弱のプレイ・セラピーの過程で、B子は徐々に、淋しさ、怒りといった自分のネガティヴな気持ちを、素直に表現できるようになってきた。それと並行して、家でも徐々に、自分の気持ちを母親にも素直に表現できるようになっていった。

他方、母親も、ゆっくりとではあったが、母親としての自覚が育ち、母親らしい心の動きがみられるようになってきた。

中学入学と同時に終結したB子のその後の適応の軌跡は、中・高・大学とも大変良好であることを母親から伝え聞いている。

監護親が母親で、再婚していない場合、女の子の適応は良い

監護親が母親で、しかも再婚していない場合には、女の子は、一般的には、男の子よりも適応が良いといわれている。しかし、親密な関係性をもつような年頃になって、女の子には親の離婚の影響が遅延効果となって現れる可能性があることも指摘されている。

本事例のB子の場合においても、「将来は結婚せずに仕事に生きる」との価値観を強くもっていると母親から伝え聞いていたが、こうした価値観に、両親の離婚の影が色濃く落ちているように思い、終結はしたものの将来に不安を残していた。

ところが、その後一二年ぐらい経った頃、大都市の人混みの中で、私は偶然にも母親とB子に出会った。柔らかな表情をした素敵な女性に成長していたB子は、私の心配を知っていたかのように、結婚したことを私に報告したのだった。

【事例2】子どもへの悪影響が少なかった事例

離婚後、学校場面での緘黙と登校渋りに

母親が来談時に語ったC男についての訴えは、離婚直後からC男が学校で誰とも話さない（場面緘黙《かんもく》）ことと、登校渋りであった。C男とは、男性セラピストが、週一回五〇分間のプレイ・セラピーを、母親とは私が、週一回五〇分間の面接をした。期間は半年弱であった。

本事例においては、母親が結婚を続ける意味を見いだせなくなり離婚を求めたところ、夫が応じたということで、子どもたちは幸いにも、事例1のA男の場合と違って、両親間の喧嘩を目撃することはなかった。しかし、おそらく両親間の冷めた雰囲気は感じとっていたのであろう。母親が、当時小学四年の長男と小学二年のC男に、「好きで結婚したけれど好きでなくなったから別れることにした」と説明した時、二人の子どもたちは、別に驚きもせず、何も言わなかったという。

離婚については、合意が成り立っていたのだから協議離婚も可能であったのだが、母親は離婚条件をきっちりと決めたいと思い、調停離婚を選んだ。調停条項として決められたことは、①親権者は母親、②養育費は、長男、次男がそれぞれ成人に達するまで一人に対して二万五千円を支払う、というものであった。面会交流に関する取り決めはしなかった。

しかし母親の思いとしては、基本的に子どもたちには父親といつでも好きな時に会ってもらって良いと思っていたため、別居直後から、月に一～二回の割合で、父親と子どもたちは継続的に会ってきた。

面会交流の内容

父親が事前に電話連絡をしてきて、子どもたちのスケジュールも考慮しつつ、会う日を約束する。当日は、朝一〇時頃にマンションの下まで父親が車で迎えに来て、夜の八時頃に家まで送り届けるという形である。兄弟のどちらかが行きたくない時は、一人だけが出かけることもある。

過ごし方は、基本的に決まっている。まずゲーム・センターへ行き、昼食をレストランで食べた後に、父方祖父母宅へ行き、皆で夕食を食べ、入浴してから帰宅する。子どもたちは、「マンネリ化してつまらない」と母親に不満を言うこともあるようだが、母親側に父子の継続的接触に対する積極的な姿勢があることと、父親側にも、子どもとの継続的接触に対するコミットメントがあり、かつ面接スケジュールを決める際にも、子どものスケジュールや意思を尊重するという柔軟さがあることなどが、本事例において面会交流の継続を容易にしている要因であるといえるだろう。

欲をいえば、面会交流の内容にも子どもの意向を反映する努力を父親がすることができたら、もっと楽しい時を共に過ごすことができるであろうとは思うが、結婚中も父親はあまり子どもと遊ぶことがなかったというので、これ以上を望むことは欲張りすぎというものであろう。

好条件が揃っている監護親としての母親

本事例の場合、母親自身が望んでの離婚であったこと、また母方祖父母が母親と孫たちを全面的にサポートしていること、また母親自身、結婚中からフルタイムで就業しており、子どもたちにとっては、離婚後に、父親に続いて母親をも仕事に奪われるという二重の喪失体験がなかったこと、父親が家を出て、母親と子どもたちが結婚中の家に住み続けていること、その結果、子どもたちは転校や引っ越しをする必要がなかったこと、母親が子どもたちと父親との定期的な接触に積極的であること、また父親も子どもたちとの継続的な接触にコミットしていること、また子どもたちのスケジュールや子どもの意思にも配慮するなど柔軟性を持ちあわせていること、また母親がまだ若いということもあり、新しい彼氏もできて適応状態が良く、またこの彼氏と子どもたちとの関係性も非常に良好であることなど、いくつもの好条件が揃っていることが、その後の子どもの適応にも幸いしている。

適応良好な長男

長男は性格的に母親似で外向的であり、幼少期から対人関係がスムーズで適応が良かった。両親の離婚後も家でも学校でもその適応は良好である。

一時的不適応状態としての、学校での緘黙と登校渋り

C男は性格的に父親似で内向的であり、幼少期より家庭外では緘黙気味であった。離婚後しばらくは、母親の前でも声が出なくなってしまった。来談当時は、学校では一切声を出さず、親友とも筆談するという状態であった。また登校渋りもみられた。

ところがC男は母親が連れてきた彼氏の前では初対面から声を出し、レスリングを一緒にしたりと、良い関係がもてている。緘黙状態がすっかり消失したわけではないものの、登校渋りもおさまり、学校での適応も良くなってきたため、プレイ・セラピーは半年弱で終結となった。

C男の示した不適応行為は、離婚による家族システム解体に反応した一時的なものといってもよいであろう。

【事例3】離婚が虐待からの解放となった事例

離婚理由は母親がD子を理由もなく殴ることと両親の不仲

来談時に父親によって語られた訴えは、小学六年の長女D子が学校でいじめられているが、どう対処したらよいか分からないということであった。父親と一緒に来談したD子の第一印象は、身体は小学生だが、雰囲気は二〇代後半かと思うほど、大人びていた。父親とは男性セラピストが毎週一回五〇分間、D子とは私が毎週一回五〇分間の面接を行った。期間は、D子が中学に入学するまでの約四カ月と、非常に短いものであった。

D子が語った両親の離婚理由は、母親がD子を理由もなく殴ることと、両親の不仲であった。離婚後は父親が親権者となり、D子と弟の二人を養い育ててきた。D子は、「母親の存在はほしい。でもあのお母さんは嫌い！」と私にはっきりとその気持ちを表明した。同時に、母親は弟を殴ることはなかったので、「母親を求める気持ちがあっただろうに、はっきりと父親と暮らすと意思表示できた弟はえらい！」と、当時、小学一年であった弟のことを姉として誇らしげに語った。

いじめに遭う

来談時にはすでに両親の離婚から三年が経っていた。父親は、会社経営者であり、出張も頻繁にあり、かなり忙しい。D子のクラスは学級崩壊しており、学校で男子からも女子からもひどいいじめに遭っており、その事実を知らないのは父親のみという状況であった。D子は、父親に心配をかけまいと、「いじめの事実を父親にだけは言わないでくれ」と担任に頼み込んでいたが、ついに耐えられなくなり父親に話してしまったという。

小学三〜四年頃（母親が家を出て行った後）が一番楽しかった

小さい頃のD子はどんな感じの子どもだったのかと尋ねると、幼稚園の頃のことはあまり覚えておらず、小学一〜二年の頃（母親がまだ一緒に暮らしていた頃）は、暗くていつも一人遊びをしており、小学三〜四年の頃（母親が家を出て行った後）が一番楽しかったという。母親のことには触れなかったものの、D子にとっては、母親がいる頃は辛い時期であり、離婚が救済となったことが伝わってきた。母親との交流は、離婚後しばらくはあったが、徐々に連絡が途絶えてなくなったという。

年相応の、生き生きしたたくましい少女に変身

また言葉の端々から、最近は買い物や料理ができるようになってきて、忙しい父親の手助けができることを誇らしく思う気持ちが伝わってきた。最初の頃は、こうした誇らしい気持ちのみが伝わってきたが、何度か来談するうちに、他方で、こうした役割が重荷になっていることも語られるようになってきた。

カウンセリング継続中に、父親の学校への積極的な働きかけが効を奏して、いじめ問題も解決する。カウンセリングの場でも、楽しかったことなどをユーモアを交えながら話すなど、年相応の子どもらしさが出てくるようになった。それと同時に、自分の家での家事の大変さ、弟はせず自分ばかりする不当さについても言語化するようになってきた。

カウンセリングの場での変化と並行して、家でも父親に対して自己主張をするようになり、父親もそうした変化にとまどいつつも、D子の思いに配慮し始める。

面接期間は四カ月弱と短いものであったが、終結の頃には年相応の生き生きとした、たく

ましい少女に見事に変身していた。中学では、体育系クラブで活躍していると伝え聞いた。

適応良好な弟

二歳年下の小学四年の弟には、一度だけ会ったことがあるが、少々弱々しい印象を与えるものの、伸び伸びした子どもらしさを感じさせる男の子であり、今のところ学校でもいじめに遭うこともなく、学業成績も良く適応は良好のようである。

弟に対しては母親が理不尽な暴力をふるうこともなかったとのことであるので、母親からの連絡が徐々に途絶えてしまったことは、とても残念なことである。しかし、姉に対する暴力を目撃しなくてもすんでいることと、父親が良い男性モデルを提供できている本事例は、弟にとっても救いである。

【事例4】母親へのDV目撃――子どもが両親に対して忠誠葛藤を抱く事例

集中力のなさ、イライラ、攻撃的行動を示すE子

来談時に母親によって語られたE子（七歳）に関する訴えは、E子の学校および家庭での問題行動であった。学校では、勝手に教室を出て学校中をウロウロしたり、友人に噛みついたりする。また帰宅後は、道路の真ん中でウロウロしたり、見知らぬ人について行ったりする。また家でも、頻繁に自分の世界に入り込み、集中力がなく、常にイライラし、母親が注意しても言うことをきかない。

また飼っていたハムスターも次々に手で握り殺し、カメも殺し、犬の目にも除光液を入れるなどの攻撃的行動がみられた。母親でさえ、E子が包丁で自分を攻撃してくるのではないかとの恐れすら感じるという。

父親から母親へのDV、しかし父親はE子を可愛がる

母親とは五〇代の女性セラピストが毎週一回五〇分間の面接を行い、E子とは五〇代の私が毎週一回五〇分間のプレイ・セラピーを行った。

両親はE子が四歳頃に別居したが、それまでは、父親から母親への身体的暴力を目撃しており、ひどく怯《おび》えつつも、幼い両手を拡げて母親をかばい、慰《なぐさ》めたという。

幸いにして、父親はE子に対しては暴力をふるうこともなく大変可愛がっていた。しかし母親は、祖母から厳しすぎると言われるほどE子を厳しく叩いて叱る。この点に関しては、祖母からいくら言われても、どうしてもやめられないと嘆く。

夜間の子守歌と頻繁な抱きしめ

現在、E子は母親と母方祖母との三人暮らしである。年に数回、母親はE子を別居している父親に会わせてきたが、離婚を決意した今は、もう父親に会わせるつもりはないという。父親はE子の養育費を月々二万五千円送ってくるが、母親は、離婚を決意した今は、昼夜の二重労働、祖母も夜間労働で頑張っている。そのため夜はE子一人で留守番になる。まだ幼いE子にとっては淋しいことであり、夢遊歩行の症状もみられたが、E子の種々の問題行動を目のあたりにして、祖母が夜間は家に居て子守歌を歌って寝かせつけてくれるようになり、母親もE子を頻繁に抱きしめるようになる。

問題行動の消失

夜間は祖母が家に居て子守歌を歌って寝かしつける。また母親が厳しく叩いて叱る代わりに頻繁に抱きしめる。こうした大人側の意識的努力はE子にとっては嬉しい変化であった。加えてE子は七回のプレイ・セラピーの中で、これまでの傷つき体験や不安や葛藤、情緒的ニーズなどを、動物家族のミニチュアを使って箱庭の中に象徴的に物語った。

こうした環境調整とプレイ・セラピーが効を奏して、来談から四カ月弱でE子の夜間の夢遊歩行、苛立ちと集中力のなさ、動物虐待、学校での飛び出し行為や攻撃的行動など、すべての問題行動が姿を消した。

お父さんがいなくて淋しい

母親によればE子は、父親に会いたいとも言わないし、家族画にも、父親は、昔一度だけ小さく登場したのみであり、「母親とE子と犬」のみがE子にとっての家族だと強調する。しかし、母親面接者が、「プレイの中で、父親動物の背中に子どもを乗せているようですよ。父親への思いがあるのでは?」と直面化すると、「時々、お父さんがいなくて淋しい……と言うことがあるが、父親のことは極力言わないようにしているようです……」と、母親は涙ながらに語った。

両親の離婚のはざまに立たされた子どもは、忠誠葛藤に苦しむと同時に監護親にも見捨てられるのではなかろうかという不安にも苦しむといわれている。

本事例の救いは、母親が、父親と別れる決意を告げると同時に、E子をしっかり守っていくことをも告げている点である。こうした説明と保証を与えることは、たとえ子どもが三歳ぐらいの幼い時でも、非常に大事である。

箱庭表現から感じとれる父親への密かな忠誠心と忠誠葛藤

同居親への気遣いと忠誠心から別居親への思いを語れずにいる子どもから、その本音を聞き出すことは非常に難しい。

一一回作られた箱庭の世界に、E子が監督者となって動物たちに演じさせた物語は、一方では暴力への不安と恐怖、暴力的父親（牛）を追い出したことへの安堵感、暴力的父親（牛）を隔離し、無視するといった、母親に同一視したテーマが表現された。

他方では、父親（牛）を赦《ゆる》し、逃がしてやり、最後には父親（牛）の体にも子ども（仔牛）を添わせて置くなど密かに抱き続ける父親への忠誠心が表現された。同時に「両親揃った家族」への羨望、「守ってくれる父親」の存在への願望、「優しい母親」の存在への願望、暴力のない別れのない「穏やかな家庭」のみ、といった否認のファンタジーも表現された。

同時に暴力再発への不安、飢えへの不安、見捨てられる不安、一人になる不安も表現され、またE子の中の怒りや攻撃心とともに、淋しさやケアしてくれる他者へのニーズも見事に表現された。

そして来談最後の日には、母親の離婚に至るまでの迷いと決意、両親の別れという現実受容と母親と暮らす決意などが、箱庭の中に象徴的に表現されると同時に、父親（牛）にも子ども（仔牛）を添わせるシーンによって、父親に対する変わらぬ忠誠心をも見事に表現し尽くした。

離婚の原因がＤＶであると、日本では別居親である父親が子どもとの面会交流を求めても、認められることは非常にまれである。しかしこのＥ子のプレイからも伝わってくるように、両親の離婚の背景にＤＶがあっても、父親が子どもを可愛がっていたような場合には、子どもの思いは、決して母親と同一ではなく、複雑である。この点についてはまた後述したい。

【事例５】離婚が世代を超えて繰り返された事例

トラウマ体験の未消化・未解決と世代間連鎖

児童虐待の世代間連鎖の問題は、テーマとして取り上げられることが多いが、「離婚の世代間連鎖」の問題は、取り上げられることはまれであるというか、少なくとも私はそのような研究に出会っていない。

しかし、経験的には、親の離婚を経験した子どもが、大人になって自らもまた離婚したという話にはよく出会い、離婚も世代間連鎖するのでは、との素朴な思いを抱く人も多いのではなかろうか。

児童虐待を経験した子どもが、将来的に自分もまた虐待をする親になる割合は、二五〜三五%ぐらいにすぎないとの報告がある。この割合は、一般的に親との愛着関係のパターンが繰り返される割合が七〇〜八〇%であることを考えると、非常に低い反復率である。そこには、「自分は虐待を繰り返すまい」との強い意思の存在が感じられる。

しかし、虐待を繰り返す人と、自らの過酷な人生体験を克服してほぼよい親になれた人との間の違いは、「繰り返すまいとの意思」の存在ではなくて、幼児期の自分の被虐待体験にごまかさずに向き合っているか否か、そしてその体験をしっかり消化しているか否かである。自らの被虐待体験、トラウマ体験を、親の「愛の鞭《むち》」であったなどとごまかし、否認し、しっかり消化せずにいると、意識的には繰り返すまいと思っていても、無意識裡に反復してしまう。

親の離婚も、離婚前後の状況、そして離婚後の状況によっては、子どもにとってはトラウマ体験になる場合もあるが、こうした場合にも、虐待の連鎖と同じで、自分の傷つき体験を否認してしっかり消化せずにいると、意識的には繰り返すまいと思っていても、無意識裡に反復してしまうといえるだろう。

次に紹介するのは、乳児期に体験した親の離婚を、本人（G男）が結婚した後に再現し、反復してしまった事例である。

妻からの離婚の申し出に自殺企図した夫

F子（三〇代初期）が最初に来談した時の訴えは、「離婚を申し出たところ、夫G男（四〇代初期）が死ぬといって手首を切ったので、夫の考え方を違う方向に向けてほしい」ということであった。この時点で二人は別居中であった。

F子は二〇代初期に妻子あるG男とつきあい始めた。その後G男は妻と離婚し、二人は同棲生活に入るが、喧嘩の度にG男はF子に対して殴る、蹴るの暴力をふるった。その度にF子は実家に戻ったが親に夫の暴力について語ることはなく、結局、縒《よ》りを戻してきた。こんなことをいつまでも繰り返したくないと、二〇代後半に別れ話を持ち出すと「別れるぐらいなら、お前を殺して自分も死ぬ！」と首を絞めてきたため、実家に逃げ帰ったが、その時のF子はG男の行為を、自分に対する思いの深さの証と感じて、その年のうちに正式に結婚する。

結婚後、G男は転職したが、その後ほとんど働かなくなり、F子がパートで働いて家計を支える苦しい生活になる。しかもG男はF子に対してひどく嫉妬深く、帰宅が少しでも遅くなると職場の男性に嫉妬して、殴る、蹴るの暴力をふるった。耐えられなくなったF子は、これまで秘密にしてきたG男の暴力を実家の家族にも話して、家族のサポートを得つつ、連れ戻しに来たG男にきっぱりと別れ話を持ち出した。するとG男は手首を切って自殺を図ったのだった。

別居中の今、G男は、「あの世でやり直そう！」とか、自殺をほのめかす電話をしてくる。思い悩んだF子は、G男を説得してカウンセリングを受けることに同意させての来談であった。

「死ぬ」との脅しに、離婚の意思表示ができなくなったF子

F子はボーイッシュで爽やかな印象があり、またG男より一〇歳以上年下ではあるが、姉さん女房的雰囲気をもった包容力を感じさせる女性であった。笑顔が愛くるしい。

G男は、もしF子があくまでも離婚を望むのであれば、自分は死ぬつもりだとの意思表示をしていた。来談当時のF子は、こうした脅しを受けて、はっきり意思表示ができなくなっ

ていた。しかし、初回面接の中で、自分の昔からの弱点が、はっきり意思表示できないことであり、そうした弱みにつけこんで縛り付けておこうとするG男に対して、激しい怒りの感情を吐露した。しかし、初回面接後に外で待ち伏せていたG男に見せたにこやかな笑顔は、相談室内の顔とあまりにも落差が大きく、私を面食らわせた。

F子との面接は計三回であったが、一回目の面接が終わった後、外でG男が待ち伏せていたこともあって、その後の二回はF子の希望で電話面接となる。三回目の面接の最後に、突然に「今日で最後にしたい」との申し出があり、引き留める間もなくG男を託された形で切られてしまった。

弱々しげなG男

G男の印象は、妻への暴力、そして自殺企図という話から想像していた、荒々しく、恐ろしげな男性イメージとは対照的に、弱々しそうなイメージであり、どこか母性をくすぐられる感じであった。しかし自殺の話になると、顔を歪《ゆが》め、すごい迫力でそのシーンを再現するため、怖さを感じた。

自殺企図後一カ月半の時点での来談であり、まだ不安定な精神状態にあるものと判断して、当面は支持的な対応を目指して、週一回五〇分の有料カウンセリングを行うことにした。

父親と同じことをしてきた業の深さを嘆く

G男は二〇代初期に結婚し、二人の子どもにも恵まれたが、三〇代半ばにF子に出会い、夢中になる。その後に妻にF子との浮気がばれて協議離婚となる。結局、G男の父親が家族を捨てて家を出たように、G男もまた、先妻とまだ幼い二人の子どもを捨てて家を出た。

子どもの親権は母親がとり、子どもに会うことを頑なに拒否したために、G男は家を出て以来子どもたちに会うことはなかった。しかし子どもたちの誕生日にはずっとお金を送り続けてきた。

G男の両親の離婚理由は金銭問題であった。ミルクを買うお金すらなかったという。G男も父親と全く同じで、F子と再婚した後は働こうとせず、F子を働かせて自分は家でゴロゴロしていた。G男は、最初の頃の面接で「家庭を見捨てた父親、ずっと恨んできた父親……、しかし、結局、自分も全く同じことをしてきた……」と自分の業の深さを嘆いた。また小さい頃、母親が働きに出かけている間、親戚のみんなに囲まれて暮らしていたが「いつも淋しかった……」と当時を振り返る。

自己愛から対象愛へ

G男は、面接の過程で、自分を見捨てたF子に対する激しい怒り、そしてカウンセリングを一緒に受けようと誘っておきながら、再度離婚を申し入れてきて、自分は一人で終結してしまったF子に対する激しい怒りを私にぶつけてきた。再度自殺する用意もできていると言って、揺さぶりをかけてきたりもしたが、私がG男にとって母親的存在、そして父親的存在として在り続けることを通して、最初の別れ話が出てから七カ月経つ頃には、G男のF子への思いは、自己愛的な独占欲の状態から、「F子の望む通りにしてやろう！」との言葉に象徴される対象愛に向かうようになっていた。

またF子が居たらうっとうしがり、居ないと淋しがっていたG男であったが、淋しいながらも一人暮らしの気楽さをも楽しめるまでに、「一人で居る能力」を育てつつあった。

最後の面接では、F子のために離婚に判を押そうとの思いを強め、自分の蒔《ま》いた種をすべて刈り取ろうとの潔さをも感じさせられるところまで、成長していた。

第四章　単独養育から共同養育へ——米国での試みに学ぶ

ここまで、離婚における子どもの心の反応を、事例などを通してみてきた。その中でもすでに何度か触れたが、子どもにとっては、離婚後も、両方の親との接触を保ち続けたほうが、長い目でみた適応もよい、ということが分かってきている。

この章では、子育てを離婚後も両親が共同で行っていくことについて、米国での先進的な取り組みを紹介しながら、みていきたい。

1　日本の現状——面会交流と、その考えの変化

子どもの権利条約（一九九四）批准――権利としての両親との直接の接触維持

日本では、未成年の子どものいる夫婦が離婚した場合には、両親の一方を親権者として届け出ねばならないとの法規定がある。

また日常の子どもの世話、つまり監護に関しては、法的には当事者の協議にまかされてはいるものの、実際は、親権者となった親が監護するという形になることが多い。

最近では、親権をもたない親が子どもと面会交流することが認められることが増えてはきている。しかし、明文の規定がないために、「いつどのような条件で、どの程度の頻度で面会交流を認めることが、子どもの福祉に適うのか」といったことについて、裁判所の実務においても難しい問題が生じてきている。

特に、親権者であり子どもの世話をしている親が面会交流に強い抵抗を示す場合に、どのように対応していくのかに関して、難しい問題が生じてきている。

日本は、一九九四年に子どもの権利条約を批准している。子どもの権利条約九条三項には「締約国は、児童の最善の利益に反する場合を除くほか、父母の一方又は双方から分離されている児童が定期的に父母のいずれとも人的な関係及び直接の接触を維持する権利を尊重する」とある。

この規定における「父母の双方から分離されている児童」とは、親からの虐待が認定されて親から分離されているような場合が考えられる。そうした場合でも、子どもには両親と直接的な接触を維持する権利があると謳《うた》っているのである。

また父母の一方から分離されている場合とは、離婚後に片親と別れて暮らすような場合が想定されており、こうした場合でも、子どもには別居親との直接の接触を維持する権利があり、こうした権利を子どもの基本的な権利として保証したものと考えてよい。

このような条約を批准した国として、離婚後の子どもと別居親との直接的な接触である面会交流に対する裁判所の態度に何らかの変化が見られるであろうか。

子どもの権利条約批准前の典型的な判例は、「両親間の不和・反目・葛藤があまりにも高い時には、そうした葛藤のはざまに子どもを立たすことは、子どもの情緒面の安定、ひいては子どもの精神的発育へ悪影響を与える」という理由から、あるいは「現段階では当事者間に面会交流を円満に機能させるための協力関係がなく、このまま面会交流を継続した場合には、子どもの健全な発育の妨げになる」といった理由から面会交流の申立自体が却下されることが多かった。

批准後の判決は、「両親が子の親権を巡って争う時は、その対立・反目が激しいのが通常であるから……このような場合でもなお、子の福祉に合致した面会の可能性を探る工夫と努力を怠《おこた》ってはならないというべきである」というふうに変わってきている。

面会交流に積極的な親を、親権者に

さらに近年は、面会交流への許容性（寛容性）を親権者・監護者決定の一つの基準として用いる判決が出てきていることや、面会交流に否定的あるいは消極的な子どもに、別居親との面会交流を働きかけることを親権者の責務とする家事審判例も出てきているなど、面会交流に裁判所が以前よりも積極的になってきている印象を受ける。

しかし批准後も、両親間の対立が激しく、葛藤が高い場合に、直接的な接触である面会交流を認めることは子どもの福祉を害するとして認めず、しかし将来のことも考えて、別居親との関係を切らないように、手紙やビデオ、あるいは写真の送付などの間接的な方法での面会交流を命じる審判例も多い。

こうした審判例を、家裁実務の工夫であると評価する民法学者もいるが、私はこうしたケースでも、グループ・カウンセリングや親教育プログラムへの参加を強制したり、あるいは監督つきの面会交流にしたり、両親の接触を極力回避する並行養育等の工夫をしていけば、直接的な親子の接触を保証していくことが十分可能であると思う。

子どもに虐待等の直接的な危害が及ぶような例外的な場合を除いて、原則的には、子どもの権利条約に謳われているように、子どもには離婚後も両親との継続的かつ直接的な接触を保証するという方向に向かっていくべきであると思う。

米国では、一九七〇年代までの一〇〇年間にもわたって、両親が離婚した場合には、どちらか一方の親（多くの場合母親）が単独監護者になり、その代わりに他方の親（多くの場合父親）には平均的には隔週末の面会交流権が与えられてきた。このように日本の現状からみれば羨ましいような実態であったにもかかわらず、一九八〇年代以降、離婚後の子どもと別居親との接触に関してはさらに考え方が進み、離婚後も両親ができるだけ継続的かつ頻繁に子どもと直接的な接触をすることが、子どもの福祉に適うことであると考えられるようになり、単独監護（養育）から共同監護（養育）へという方向に法律が大きく改正されていった。

こうした背景にはいったいどのような変化があったのであろうか。

2 『クレイマー、クレイマー』以前の米国――母親の単独養育、父親の面会交流

一〇〇年以上前から別居親に「相当なる面会交流権」

米国では、離婚後に両親が別れ住むようになった場合には、どちらか一方の親に単独監護権、つまり子どもと一緒に暮らして日常の世話をする権利が与えられてきた。一九世紀半ばに産業革命が到来して以降、それまでの子どもの監護に関する父親の絶対権が修正されて、子どもが乳幼児期にあるときには母親が優先されるようになってきた。

こうした「母性優先」は、二〇世紀以降は、判例法によって確立されていった。その結果として、州によって多少の違いはあるものの、平均して八五％近くの場合に、母親に単独監護権が与えられてきた。

こうした「母性優先原則」の背後には、売春婦やアルコール・麻薬などの物質依存者であるといったよほど例外的な場合を除いて、子どもにとって、特に「テンダー・イヤーズ」といわれる三歳前の幼い子どもにとって、母親の愛に勝るものはないという根強い考えがあった。こうした考えは、根強い母性神話と結びつき、また性役割分業観に基づく結婚生活の実態に支えられて、長く自明の真理、普遍的真理として通用してきたのである。

したがって当時は、映画『クレイマー、クレイマー』の中の父親のように、父親がいかに真剣に監護権を求めても、「親としての適格者」である母親との争いでは、勝ち目はほとんどどなかったといえる。

このような米国における離婚後の単独監護の実態は、現在の日本の状態に酷似している。現在の日本でも、離婚後は平均八〇％ぐらいの割合で、母親が一人で子どもと暮らし世話をしている。

しかし両国間での大きな違いは、前にも触れたが、米国の場合には、別居親には「相当なる面会交流権」（多くの場合、月二回金曜日の夜から日曜日の夜まで二泊三日での面会交流）が、非常に強い法的な権利として与えられているのに対して、日本の場合には、それが与えられていない点である。

「母性優先原則」から「子の最善の利益」へ

米国では、一九七〇年代になるとフェミニズム運動が力を得て、母親は結婚生活の中では父親に一緒に子育てすることを要求してきた。しかし結婚が破綻して離婚すると、母性優先ということで、多くの場合に、母親は子どもに対する監護権を得て、父親は隔週末に面会交流する存在になってしまった。

こうした状況に対して、父親たちは逆に、法による性差別であると強く反発し、「平等な権利を求めて結合した父親たちの会」「離婚した男たちの連合」「離婚制度改正の会」「父親の権利の会」といった会を次々と結成した。さらに、こうした全国に散らばる三八ものグループ、六〇〇〇人にのぼる父親たちが結集し、「全米男性会議」が組織された。

このような父親たちの声を反映し、一九七〇年には、まずカリフォルニア州で、離婚後に監護者を決定する際の基準として、「母親優先原則」が放棄され、代わって性的に中立な「子の最善の利益」基準が採用された。一九八四年までには、全州でこの基準が採用された。

しかしその後も根強く、事実上の母親優先原則が存続した。

母性優先原則がしぶとかった理由

法律上は、離婚後に監護者を決める際には、母親であろうと父親であろうと、子どもの福祉にとって最善の利益をもたらすと判断される親であればよい、と宣言されたにもかかわらず、事実上は、母親優先原則が揺らぎをみせなかったのはなぜだろうか。

その原因としてはいくつか指摘されている。第一に、一九七〇年代において、「子どもの監護者になりたいですか」と尋ねられた時に、子どもの年齢が〇歳～三歳児の場合、父親で「なりたい」と答える人は、〇%であった。子どもが四歳～九歳になるにつれて、監護者になりたいと望む父親が三〇％に増え、一六歳以上になると、五五％の父親が望むようになった。

他方、母親の場合には、子どもの年齢にかかわらず九六％の人たちが監護者になることを望んでいた。

もう一つの原因としては、米国では監護者を決める際に、「同胞不分離の原則」が適用される。例えば一番下の子が三歳以下で、その他に小学生や中学生などのきょうだいがいる場合に、一番下の子の監護権が母親にいくとすると、同胞不分離原則が適用されて、たとえ父親が小学生や中学生の子どもの監護権を望んでも、きょうだい全員の監護権が母親にいってしまうことになる。したがって当時の米国では、父親が「監護権を争いたい」と代理人に相談しても、三歳以下の子どもがいる場合には、「争っても勝ち目はない」と助言され、泣く泣く諦める父親も多かったといわれている。

しかし、子の最善の利益基準への変化が全く無意味だったかというと、決してそうではなかった。代理人の「勝ち目はない」との助言にもかかわらず、あえて裁判で争った場合には、勝訴する父親が増えてきたのだ。

3　子どもの視点からの論争──米国・一九七〇年代以降

面会交流権は注意深く保護されなくてはならない

母親優先原則が事実上非常に根強かった一九七〇年代の面会交流権についての論争として有名なのが、いわゆるゴールドスティン、フロイト・A（フロイト・Sの末娘）、そしてソルニット（一九七三）らの主張とそれに対する反論である。日本でも裁判所関係者の間ではこの論争はよく知られている。

ゴールドスティンらは、『子の最善の利益を超えて』という著書の中で、「法的制裁を加えてまで行わせようとする面会交流のあり方はおかしいのではないか」という問題提起をした。これに対する反論として有名なのが、次のような裁判官の意見である。「両親が別居・離婚して、監護権が一方の親に委《ゆだ》ねられている時には、面会交流権は注意深く保護されなくてはならない。なぜなら、監護権を持つ親は自分の有利な地位を利用して、他方の親に対する子どもの愛情を遠ざける危険性があるからだ」

この裁判官の言葉は、子どもとの面会交流を求めても、さまざまな理由をつけては別居親が子どもに会うことを妨害する今日の日本の別居・離婚後の状況にぴったり当てはまる。

父親との良い関係継続が子どもの精神的健康にとって決定的に重要である

また、ワラスティンとケリーの離婚家族を対象とする実証研究も、ゴールドスティンらの主張に対して強力な実証的反論を行った（一九八〇）。

ワラスティンとケリーはその実証研究の中で、離婚六〇家族の子ども一三一人に、親の離婚に対する気持ちの詳細な聞き取り調査をしている。この調査の対象者の場合、六〇家族すべての場合に、母親が監護者で、父親が別居親であり、別居の早い時期から面会交流が行われていた。

その結果から、離婚後の子どもと別居親である父親との頻繁かつ継続的な接触の重要性、特に、別居親である父親と良い関係を継続することが、子どもの精神的な健康にとって決定的に重要であることを指摘した。それとともに、離婚後の監護形式というのは、「母親に単独監護権、そして父親に相当なる面会交流権」といった単一の形である必要はなく、離婚当事者の事情に応じて、柔軟かつ多様な取り決めがあってしかるべきだと主張した。

日本の現在の実態と比べる時、一九八〇年当時の米国での実態すら、ため息がでるほど別居親である父親と子どもの接触は保証されていた。にもかかわらず、面接された子どもたちは、「もっともっと父親と会いたい」との思いを吐露したのだった。

パパが好き！　ママが好き！

私が一九八四年に、カリフォルニアのバークレーで離婚後の実態調査をしていた時に出会ったマイク（五歳）の場合には、両親が別居を始めた直後から、月・木は「ママの家」、火、水は「パパの家」、金、土、日の週末は一週間交代で「ママの家」と「パパの家」で過ごしていた。ある日、マイクが母親に「ママ、パパのおウチでいっしょにくらしたら？」と言ってきた。「どうして？」と尋ねると、「そしたらボク、パパとママのりょうほうにいつもあえるから」とマイクは応えた。「そうできたら、ほんとうにいいわね……でもそれはできないことなの……」。ママは応えた。

マイクは、その後数週間、同じことを言い続けたが、最近は、「ボク、パパもママもだいすきだよ。だからパパとママといつもいっしょにいれたらいいのにな……」と言うようになった。

子どもの心の中には、こんなに大好きなパパとママなのに、どうして二人は愛し合えないのだろうとの思いが強くあるにちがいない。子どもにとっての離婚の悲劇はここにある。

マイクは、私が当時ボランティアで働いていたピーターパン・ナーサリー（幼稚園）での朝の会の時に私に次のように話してくれた。「ボクには『二つのいえ』があるんだよ。『パパのいえ』と『ママのいえ』が。でもね、ボクは『一つのいえ』のほうがすきなんだ。いつもパパとママのりょうほうにあえるから……」

こんな子どもたちの思いに最大限近づくことこそが「子どもの最善の利益」に適うことであるとの思いが共同監護（養育）への法改正への動きの背後にはある。

パイオニア的存在と意識の変化――「ハッピーでよく適応した子ども」を願う

ワラスティンとケリーの実証研究が、法改正に非常に大きな影響を与えたのは事実である。しかしその他にも、米国では、「離婚後に当事者が合意したのであれば、どういう監護の取り決めであっても、子どもの福祉に反しないかぎり基本的には裁判所は認める」という姿勢があったので、法改正以前から、共同監護の取り決めをして離婚後も共同で子育てをしているカップルが存在していた。

こうしたパイオニア的生き方をしてきた二四家族、三二人の子どもの研究もスタインマンによって発表されている。こうした、法を先取りする生き方をした人たちには共通特徴があった。それは、一般に、両親ともに教育程度が高く、少なくとも平均的収入があり、何よりも両親ともに子どもに対する親としての責任に強くコミットしている点であった。

共同監護についての実態調査の過程で出会ったハリエット・リーもそうした一人だった。ハリエットは、法改正の九年も前（一九七一年）から、自発的に、別れた夫と共同で、二人の娘を育ててきた。当時は、別れた夫婦が共同で子育てするなどということは、ごくごく珍しいことであった。

ハリエットは、共同監護（養育）を選んだ思いを熱い口調で私に語った。

「当時、娘たちは八歳と一〇歳だったわ。夫と別れようとしたとき、子どもがいるかぎり、他方の親を自分の人生から完全に抹殺してしまうことはできないということに気づいたの。この事実は、いやでも認めないわけにはいかなかったわ。

つまり夫婦関係は終わったけれど、子どもを媒介として親としての関係は、依然として続いているわけね。そうだとすれば、その関係がスムーズにいくように努力や投資をするべきだというのが、私の主張なの。しかも、こうした投資は、将来に〝ハッピーでよく適応した子ども〟という形で、一〇倍にもなって返ってくること請け合いよ！」

ハリエットは、弁護士の資格をもつファミリー・カウンセラーで、バークレーに事務所を構え、離婚を含む幅広い紛争解決のメディエーター（調停者）として活躍していた。また自らの体験をもとに、カリフォルニア州の「共同監護法」制定促進運動をも積極的に支持してきた。

前述したゴールドスティンやフロイト・A、そしてソルニットらは、離婚後に別れた両親が共同で子育てすれば、子どもに忠誠葛藤を引き起こすから子どもの福祉に適わないとする説を唱えていたが、ハリエットのような人たちの生き方が、こうした説に対する生きた反証となったのだった。

ジェームズ・クックの執念——共同監護法の生みの親

ジェームズ・クックは「全米男性会議」の初代会長をも務めており、また何よりもカリフォルニア州の「共同監護法」の生みの親として知られている。

クックは、結婚一〇年目に突然、妻から離婚を求められた。この時、彼が感じたこと、それは、妻との離婚は受け入れることができるが、当時七歳の一人息子と切り離されることだけは、どうしても甘受できないという思いであった。そして妻に「共同養育」を提案したが、妻は頑として応じなかった。

やむなく裁判で争ったが、当時は、顕著に「母性優先」の時代だった。勝ち目のないことは誰の目にも明らかであった。だが彼は、敗訴後も、「それなら自分で法律を変えてやる」と引き下がらなかった。その後クックは、「共同監護協会」を設立し、署名を集め、カリフォルニア州議会議員へのロビーイング活動をし、そして市民へのPR活動をするなどと、子どもを取り返す執念に燃えて走り回った。

そして一九七六年、七七年の二度、「共同監護法」の法案を州議会に提出したが、二度とも否決された。だが一九七九年九月、三度目にして法案は州議会を通過した。数年の間に人々の意識の変容もあり、機が熟していたといえるであろう。ここにカリフォルニア州の「共同監護法」が全米に先駆けて誕生した。

また一九七〇年代はフェミニズム運動の影響もあって、子育てに両親が関わっていくという方向に社会意識も大きく変わってきた。結婚中に共同で子育てしてきたカップルが離婚した場合、離婚後も共同で子育てをというのは当然の結論ともいえる。

こうした諸々の力が加わって、一九八〇年のカリフォルニア州における民法改正へと至っている。

4　米国における一八〇度の大転換――一九八〇年

両親との頻繁かつ継続的な接触保証は「公共政策」である

一九八〇年にカリフォルニア州で全米に先駆けて民法が改正され、「両親が別居あるいは結婚を解消した後に未成年の子どもに、両親との頻繁かつ継続的な接触を保証するのが州の公共政策である」［CC4600.5(d)］という条項が付加された。そして、両親は離婚後も、子どもの養育の権利ばかりではなくて、責任をも共有していかなくてはいけないと明示された。

このような考え方はその後、野火のように全米に広がり、今では全州において、何らかの形での共同監護（養育）が、離婚後の選択肢の一つとして認められるようになった。

旧法の考え方は、離婚した両親に子どもの養育に関して協力・協働を期待することはすべきでないし、またできないことであるというものであった。こうした考え方の背後には、前述したように、離婚後に子どもが両親と接触を続けた場合には、子どもに強い忠誠葛藤を引き起こし、結果として子どもに害を及ぼすという考えがあった。

一方、この新しい法律の背後にある考え方は、離婚後も両親との頻繁かつ継続的な接触を、可能なかぎり子どもに保証していくことが、子どもの最善の利益、つまり子どもの福祉に適うとするものであり、離婚後の子どもの養育に関する考え方が一八〇度の大転換を示したといえる。

「一つの家」説と「二つの家」説

離婚後の家族構造をどのようなものと捉えるかについては、大きく分けて二つの対立する考え方がある。

一つは、離婚後の家族は監護親と子どもから成り立ち、したがって以前の家族境界はなくなり、新しい境界が作り出されねばならないと考える。この考え方によれば、新しい家族の境界を強めるために、別居親と子どもの接触は、制限ないし規制されねばならないということになる。つまり、離婚後の子どもに必要なのは、安定した単独監護と、「一つの家」ということになる。別居親と子どもとの接触に対する考え方が変化しつつある今日でも、日本人の意識の中には、まだまだこうした考え方が根強く残っているように思う。

米国でも、前述したゴールドスティンらは、法的制裁を加えてまで履行しようとする子どもと別居親との面会交流のあり方を痛烈に批判し、一大論議を呼び起こした。彼らの主張は、

「相互に友好的関係にない二人の心理的親と良い関係を持ち、そこから恩恵を受け、接触を保ち続けることは、子どもたちに忠誠葛藤を引き起こすので難しい」というものである。

しかし、こうした考え方に対しては、「監護権が両親の一方に委ねられている時には、面会交流権は注意深く保護されなければならない。なぜなら監護権を持つ親は自分の有利な地位を利用して、他方の親に対する子どもの愛情を遠ざける危険性があるからである」といった立場からの猛烈な反対があったことは、すでにみてきたところである。

結婚の失敗ではなく、終結——「一つの家」から「二つの家」へ

ワラスティンとケリー（一九八〇）も、離婚後の両親との継続的接触の重要性、多くの場合、離婚後の良い父子関係の継続がその後の子どもの精神的健康にとって決定的に重要である、という実証研究の結果から、これまでの伝統的パターン、つまり一方の親のみを強引に「心理的親」と呼んで単独監護権を与え、他方の親には面会交流権のみを与えていくという柔軟性のなさに批判の矛先を向けたことも前述したところである。

こうした人たちは、一方の親が子どもの世界から完全に消えてしまうような場合には、新たな境界をもつ新しい家族構造が形成されたと考えるが、両親が子どもに関与し続ける場合

には、一つの家族が二つの家族構造にとって代わられ、子どもは「二つの家」の成員であると考える。

米国では今日、全米において、離婚後の子どもとの接触時間および子どもに対する責任に関して、両親間でより両性具有的な（つまり、父親も母親もそれぞれが父親役割と母親役割を同時にこなすような）取り決めが推奨されてきている。こうした政策転換の背後には、離婚自体に関する大きな発想の転換があった。

つまり、離婚は従来「欠損家庭」「片親家庭」「母子家庭」「父子家庭」などの呼称に象徴されるように、結婚に失敗することと考えられてきた。しかし最近は、失敗ではなくて終結であり、家庭が取り返しようもなく壊れてしまったのではなくて、「ママの家」と「パパの家」に分離することであると考えられようになってきている。

米国では長い論争と実証研究の末に、離婚後の「一つの家」説から「二つの家」説に通説が移行してきたといえるだろう。

5　多様化する離婚後の親子関係――一九八〇年代以降

一九八〇年以前の親子関係の実態

別居・離婚が子どもにとって大きな喪失体験であるだけに、別居親との面会交流は、別居後できるだけ早く始めるのが望ましいと米国では考えられてきた。この点、日本では、まずは離婚をして、その後に面会交流について考えていこうとすることが多い。そのために離婚を争っている間は子どもに会えなくなることも多い。

しかし、第三章で紹介した事例2（離婚の悪影響が少なかった事例）の場合には、調停離婚の事例ではあるが、別居直後から面会交流が自発的に始められていた。実態を把握することが難しいが、協議離婚をした人たちの中には、別居後の比較的に早い段階から、別居親と子どもとの面会交流を始めている人たちもいるであろう。そのことは、子どもを離婚の衝撃から守る上で、とても賢明なことであると考える。

カリフォルニア州の民法改正前の面会交流の実態調査としては、ワラスティンとケリー（一九八〇）の研究があり、民法改正後のものにマコウビーとムヌーキン（一九九二）によるものがある。

前者は、白人、中流階級六〇家族を対象としたもので一九七一年時点の実態である。この調査結果によれば、約二五％ぐらいが別居開始と共に月二～三回、別居親と会っており、大多数の場合が最初のうちは泊まりなしであった。また四〇%ぐらいは、別居開始と共に少なくとも週一回は別居親に会っていた。しかもそのうちほぼ半数は週二〜三回も会っていた。これらのほとんどが学齢期の男の子で、父親が近くに住み、母親が子どもと父親が会うことに反対していない事例である。

また、約二五%の子どもたちが、まれ(月一回以下をワラスティンとケリーはこのように定義している)に、しかも不規則に父親に会っていた。ただし、地理的に離れているために休暇ないし休日以外の交流が不可能な家族は含まれていない。父親に全く会っていなかったのは五%にすぎなかった。

法改正後の面会交流の実態

一方、後者のマコウビーとムヌーキンによる調査は、法改正後の一九八四年〜一九八五年になされた面会交流の実態調査である。またワラスティンらが白人・中流階級を対象としたのに対して、居住区のみを限定した社会・経済・人種的に多様な離婚申請中の九三三家族を対象とし、かつ学期中の典型的二週間の実態調査である。調査の方法は、ワラスティンとケリーが精神分析的半構造化面接の方法を用いたのに対して、電話面接と一回の対面での面接方法を用いている。

この調査結果によれば、母親と暮らしている場合に、別居親である父親と全く交流がなかったのは一八・三％に過ぎず、最も多いのが泊まりがけで父親の家に行くものであった。全く交流なしのグループの場合でも、休暇や特別の日には会っていた。また、父親と暮らしている場合に、別居親である母親と全く接触がなかったのは、三％弱にすぎなかった。

この二つの調査結果から、別居段階で、七〇～八〇％の子どもたちが、少なくとも隔週ごとに別居親と接触していることが分かる。しかも裁判所の関与なしに自発的にである。さらに月一回あるいは休暇や特別の日、あるいは不規則な接触をも含めるなら別居親と子どもの交流は、九五～九七％という高率になる。

こうした数字は、両親が別れても、別居親には「相当なる面会交流権」が与えられるという法規範が、人々の意識に深く浸透していることを示しているといえる。

離婚後の親子の形の多様化

カリフォルニア州では、一九八三年に法改正があり、監護権が、「身上監護権」と「法的監護権」に分けて与えることができるようになった。身上監護権とは、子どもと暮らし、その世話をする権利であり、法的監護権とは、教育・医療・宗教・居所指定などといった子どもの大きな問題を決める権利である。

マコウビーとムヌーキンの調査は一九八四年から一九八五年の実態調査であり、法改正後の実態が明らかになったといえる。一番多くなった子の監護の取り決めは、①母親が単独で子どもと暮らし子育てをする。父親には相当なる面会交流権を与える。そして両親が共同で法的監護権をもち、子どもの教育や医療、そして宗教といった大きな問題については、協議して決めるという形式である(四八・六%)。

次に多い取り決めが、②両親が共同で子育てし、さらに子どもの大きな問題も共同で決めるという、文字通りの「共同子育て」という形式である(二〇・二%)。しかし、この形式の中には、じっさいには母親がひとりで子育てし、父親には自由な面会交流権を与え、そして子どもの大きな問題は共同で決めるといった形式も含まれているといわれている。

そして次の監護形式が、母親優先原則のもとで一〇〇年ほど続いてきた伝統的な取り決めである。つまり、③母親がひとりで子育てし、子どもの大きな問題もひとりで決め、父親には相当なる面会交流権を与えるという形式である。こうした形式が一八・六%に激減し、法改正前には八〇%以上であったことを思えば、法改正によって離婚後の子育てのあり方は大きな様変わりをしたといえる。

そして、①と③の監護形式の父親と母親が入れ替わった形が次にくる。つまり、④父親がひとりで子育てし、母親には相当なる面会交流権を与える。そして両親が共同で子どもの大きな問題について決めるという形式で、六・八％が該当していた。また、⑤父親がひとりで子育てし、また子どもの大きな問題についてもひとりで決め、母親には相当なる面会交流権を与えるという形式があるが、こうした形式は非常にまれであり、一・八％にすぎなかった。

その他の形式が四・〇％と少ないが存在する。

6　子どもに対する「共同責任」を象徴的に示す共同親権

このように、法改正後に一番増えた離婚後の子どもとの関わり方は、日常的には母親が子どもの世話をし、父親とは平均して隔週末ごとに二泊三日の面会交流をし、子どもに何か教育や医療の問題で決断しなくてはいけないようなことが生じた場合には、両親が離婚後も一緒に決定していくという関わり方である。

また後述するが、両親間で合意に達することができないときにはどうするかということも、あらかじめ決めておく。争いのない離婚の場合には、だいたい六〇%から七五%の離婚当事者たちが、こうした形式を選んでいる。そして葛藤の高い離婚当事者たちの場合には、争いのない場合より少しだけ高い八〇%近い人たちが、こうした形式を選んでいる。

法改正以降、離婚後も、父親が母親と同程度に、あるいは母親以上に子どもの日常の世話にも関わるというケースが、前述のマコウビーとムヌーキンの調査結果では二〇%ぐらいとかなり多いのであるが、カリフォルニア州以外では、こうしたケースは五%にも満たないほど少数であるといわれている。

このように六〇%から八〇%もの多数の離婚当事者が共同で法的監護権をもつようになったわけであるが、マコウビーとムヌーキンも、この点に関して、「たとえ離婚しても、両親が、子どもに対して権利をもつと同時に責任がある、ということを象徴的に明示するという意味で、大きく評価できる」と述べている。

以下に、私がバークレーでの調査の過程で出会った離婚当事者(マギーとフランク)の場合をみてみよう。

【事例1】片親に単独養育権、他方の親に面会交流権、そして両親に共同親権

マギーとフランクの場合は、三年前に法的離婚が成立した。

しかし、結婚破綻の原因に、フランクの再婚相手が絡んでいたために、未だに高葛藤を抱え、コミュニケーションはほとんどゼロに近い。こうした二人が、共同で法的監護権をもっている。したがって、子どもに何か大きな問題が生じた時には、両親が協議し、決定する必要が出てくるわけだが、どのように対処しているのであろうか。

一七歳の娘が罹患しているハンセン病の治療方法をどうするか、という問題が起きたときの、マギーとフランクの対応の仕方についてみてみよう。

まず母親と娘が、治療法について、母親の選んだ医者と相談し、その後に、父親と娘が、父親の選んだ医者と相談した。そして最終的に、娘が二人の医者の意見と両親の意見とを総合的に判断して、自分で治療方針を選び取ったという。

このように、子どもがある程度大きい場合や、最終的に子どもの判断を尊重するという態度がとれる場合には、両親が全く直接的な話し合いができないような場合でも、共同で法的監護権を行使していくことが可能であるといえる。しかし、そうでない場合には、話し合いができない離婚当事者が共同で法的監護権をもつことは、困難が予測される。

そうした困難な状況を回避するために、裁判所が共同法的監護を命ずる時には、あらかじめ、両親の合意が必要となる状況や、合意が得られない場合にはどうするかも、特定しなければならない、と法律に規定されている。したがってそうした特定された状況以外においては、子どもと暮らす親がひとりで決めることができるわけだ。

しかし、子どもの視点からみれば、たとえ親が離婚していても、自分が何か大きな問題を抱えたときには、両親が自分と一緒に考えてくれ、責任を持ち続けてくれるということは、大きな心の支えとなるにちがいない。

子どもに強くコミットする気持ちが共同監護（養育）を選ばせる

また、離婚後に共同監護（それが共同身上監護であれ、共同法的監護であれ）を選んだ離婚当事者の特徴は、前述のマギーとフランクの例もそうであるが、必ずしも元夫婦間の葛藤が低いわけではなくて、両親の子どもに対する「コミットする気持ち」が非常に強いという点であった。

一方で、私が米国で離婚裁判を傍聴したときに、ある父親は、裁判官から「子どもに対して法的監護権を共同でもつこともできる」と説明されたが、それに対して、「面会交流だけでよいです」と応えていた。結局、この事例では、子どもは母親と暮らし、子どもの教育や医療、宗教といった大きな問題も母親がひとりで責任をもって決めていき、父親は隔週末ごとに子どもに会うだけ、ということになる。裁判官の説明に対する父親の「面会交流だけでいい」との即答からは、親としての子どもに対するコミットする気持ちがかなり低い印象を受けた。

7　姿を消す父親たち

「自分は父親にとって可愛くない存在なのか」という傷

前述したように、共同監護（養育）を選んだ人たちの顕著な共通特徴は、両親の子どもに対するコミットする気持ちが非常に強いということであった。

日本における子どもと別居親との交流に関する調査でも、全く交流がもてていない事例の中には、別居親である父親が会いたがっているのに、同居親が会わせないという場合ももちろんたくさんあるが、逆に、母親が会わせたいと思っていても、父親が住所も知らせずに引っ越したり、あるいは会うことを拒否するという場合もある。

第三章の事例1（離婚の悪影響を長く引きずった事例）の場合には、別居後に子どもが何度か父親に会いに行ったにもかかわらず、その度に父親が子どもを拒否して子どもの前からすっと姿を消した事例であった。

寺戸ら（一九九一）もその調査結果において、面会交流がある群とない群を分ける特徴として、父親の交流に対する姿勢が重要であると指摘している。つまり別居親である父親の半分ぐらいは、そもそも子どもとの交流を望んでいなかったという。

瓜生と山口（一九九六）も、別居親と子どもとの交流を妨げる要因として、同居親の態度に加えて、別居親、特に父親の子どもとの交流に対する消極的態度の重要性を指摘している。父親が別居・離婚後に子どもに会いたがらない理由は、さまざまであろうが、子どもにとっては、自分は「可愛くない存在」なのだというメッセージとなり、自尊感情の低下につながり、離婚という出来事自体よりも大きな傷つき体験となる。

ウィークエンド・ファーザーは嫌だ！

子どもの前から姿を消す父親には、①未熟タイプ、②抑うつタイプ、③冷淡タイプの三つのタイプがあると一般にいわれている。

米国でも子どもの世界から「消えていく父親」の存在は大きな問題であった。週末だけの、いわば「プレイ・タイム」だけの子どもとの接触では、多くの場合に、父親は子どもが自分の力の及ばない、コントロールできない世界に住んでいるように感じ、「子どもを失ってしまった」という強い喪失感を味わったのだった。そしてやがては新しい家庭を築き、徐々に子どもの世界から消えていく父親が多かった。

他方、子どもたちは、「父親を失ってしまった」という喪失感、あるいは父親が再婚したことを聞いたり、その父親に新たに子どもが誕生したりしたことを聞き知って、「父親に見捨てられた」という痛みを感じ続けることになった。

共同監護への法制変革の背後には、こうした「姿を消す父親」の問題もあったといえる。

私が一九八四年の調査時に出会った父親たちは、皆、口を揃えて「ウィークエンド・ファーザー」は嫌だ、と訴えていた。

日本の場合には、週末だけの父親どころか、年数回しか会えない父親、あるいは写真やビデオ、手紙での接触しか許されていない父親がたくさんいる。その思いやいかばかりかと思ってしまう。

「プレイ・タイム」も「ワーク・タイム」も——一四年後の追跡調査での意識の変化

筆者は一九九八年四月に、一九八四〜八五年の調査の追跡調査をするために、再度カリフォルニア州のサンフランシスコを訪れた。一九八四年当時は、人々の間に、一九八〇年の法改正の中身に関して混乱がみられたが、その後一四年が経った時点で、共同監護(養育)の中身が人々の意識にどのように浸透しているのかを調査するのが目的であった。

日本では、協議離婚をする際には、一方の親を親権者に決めなければならないが、子どもとの面会交流をどうするのか、あるいは養育費は誰がいくら払うのか等について届け出る必要はない。

米国では、協議離婚でも、離婚が認められるためには、離婚後の子どもの養育計画および子どもの養育費についての取り決めをも、離婚協議書に記載して裁判所に届け出なければならない。

当事者間で合意に達することができない場合には、弁護士あるいは私設の調停者(メディエーター)に間に入ってもらって合意に達する努力がなされる。

どうしても合意に達することができない場合には、家庭裁判所の離婚調停が義務づけられている。また離婚調停を受ける前には必ずオリエンテーションに参加しなければならない。

私は、サンフランシスコ郡の家庭裁判所でこうしたオリエンテーションに参加する機会をえた。

サンフランシスコ郡の家庭裁判所では、オリエンテーションを、週二回提供しており、離婚調停を受けようとする夫婦は、いずれかに参加すればよく、参加したときには出席カードにサインして、参加したことを証明する。夫婦が揃って参加する必要はない。私が傍聴した時には、約二〇人ぐらいの男女が参加していた。

オリエンテーションの内容は、基本的には次の六点についてであった。

①離婚調停とは何か。

②両親の別居に際して子どもはどんなことを感じるか。

③両親が別居した後に子どもの適応の善し悪しに影響を与える要因は何か。

④別居に際して親として子どもにすることのできる最善のことは何であるか。

⑤それぞれの親が他方の親と子どもとの関係に対してサポーティヴであることの大切さについて。

⑥カリフォルニア州民法の大前提である離婚後も未成年の子どもに両親との頻繁かつ継続的接触を保証しようとする政策は何を期待しているのか。

ベテランの女性調停者が、まず一時間ほど参加者に話をして、その後に参加者の質問に答えるという形式をとっていた。

「昔は両親が別居した後に、片親、特に父親が子どもとの頻繁な接触を許されず、徐々に子どもの世界から消えていったものです……」と調停者が話したときに、参加していた父親の一人が「ホー！」と驚きの大きなため息を漏らすのを聞き、日本では今も離婚後に日常的に起きている「子どもに頻繁に会えない父親」の問題、そして「消えていく父親」の問題が、米国ではすでに過去の物語になりつつあるのかと実に感慨深かった。

その後に、「今は、法律で、両親が別居した後も、子どもには両親との継続的接触、しかも、それぞれの親との実のある接触を保証すること、つまり離婚後の共同養育の大切さが規定されているのです」と強調した。

それに対して一人の父親が「二〇%と八〇%というような時間配分であっても共同養育と言えるのですか？」との質問をした。これに対する調停者の答えは、共同養育といっても必ずしも五〇対五〇に時間を分ける必要はないこと、実際問題としてそんなことは不可能であるので、それぞれの親の生活スケジュール、仕事のスケジュール、さらには子どもの生活スケジュールに応じて、一番実現しやすい養育の時間的配分を考えてきてほしいこと、また昔は、父親はたまにしか会えなかったので「ディズニーランド・パパ」になってしまうことが多かったが、今は両親とも、一緒に遊ぶ「プレイ・タイム」ばかりではなくて、宿題をみてあげたり、寝かしつけたり、本を読んであげたりといった日常の生活を共にする「ワーク・タイム」をも共有するようなプランを考えてきてほしいこと、次回の調停期日までにそのことを宿題にするので考えてきてほしい旨を伝えていた。

子どもの監護について争い、合意に達することができない夫婦に、オリエンテーションの場でこのような形で方向付けを与えた後に、次回までに自分が子どものためにベストと思う養育計画を宿題として考えてきてもらうという流れは、争う当事者を「子どもにとって各自がベストと思う養育計画設計」という建設的な課題に焦点づける意味で、なかなか見事なオリエンテーションであると思った。

二〇〇三～二〇〇四年に再度、サンフランシスコ郡で追跡調査を行った。その際には、子どもの監護を争う夫婦に対する裁判を傍聴する機会を得たのだが、裁判官が開口一番に発した「最良の親は、両親です！」という宣言に近い言葉に出会い、時代と人々の意識の推移を強く印象づけられた。

共同養育の三つのパターン

葛藤が非常に高い元夫婦が、離婚後も共同で子どもの養育に関わっていけば、葛藤がエスカレートしていくのではないかとの懸念がもたれることが多い。この点については、マコウビーとムヌーキンの、別居後三年半、さらに五年半後の追跡調査の結果が参考になる。

その結果によれば、別れた後の共同養育の遂行の仕方には、大きく分けると①協力的なもの、②対立的なもの、そして③無関与的なもの、という三つのパターンがあることが分かった。

子どもの発達にとって最良の養育環境は、もちろん両親の協力的な養育関係であるが、両親が互いに関わりをもたず、並行して子育てを遂行していく無関与的な養育関係でも、子どもの成長に害を与えることはないといわれている。この点については後に（第七章で）さらに詳しく触れたいと思う。

マコウビーとムヌーキンの調査結果によれば、別居後三年半ぐらいの段階では、協力的な養育関係が三〇％弱、対立的なものが二五％あまり、そして無関与的な養育関係が五〇％近くであった。

別居後五年半ぐらいの時点になると、対立的だった養育関係の多くが無関与的なものへと移行していくことも分かった。

離婚後に子どもの発達を最も阻害する要因は、両親の葛藤のはざまに子どもを立たせることであるといわれている。その意味では大多数の場合には、離婚後の両親による共同養育は、子どもにとって益こそあれ害は少ないといえるだろう。

しかし割合は少ないとはいえ、離婚後に子どもが両親間の長引く葛藤の板挟みになり、苦しむ場合も出てくる。そうした高葛藤離婚家族の問題と、そうした長引く葛藤を克服していく方策については後半の章で詳しく触れたい。

第五章　高葛藤離婚で壊れる子どもたち
――「片親疎外」という病

1　高い葛藤のはざまで――難しくなる面会交流

日本でも近年、両親が離婚した後に、別居親と子どもが面会交流すること自体はまれではなくなってきている。

離婚後、子どもが、別居親（多くの場合父親）と会って、一緒に遊びに行ったり、食事をしたりしているという話を聞くことも多くなってきた。

しかし他方で、離婚後に別居親と子どもが何年も会えずにいるということも見聞きする。

すでに述べてきたが、日本では、結婚中は両親が共同で親権を持っているが、離婚するときには、どちらか一方の親を単独親権者に決めなくてはならない（民法第八一九条）。したがって、離婚後は、親権者が子どもを別居親に会わせたくないと強く思えば、諦めるか、裁判に訴えるしかなくなってくる。

また裁判に訴えても、親権者である親が強く抵抗すれば、裁判所は一般に、子どもを両親間の高い葛藤のはざまに立たせることは「子どもの福祉」に反するという判断のもとに、子どもに会いたいという父親（母親）の気持ちは分かるが、写真やビデオ、あるいは手紙を送るといった間接的な面会交流で我慢してほしいとか、たとえ直接に会うことを認める場合でも、回数が多いと監護親、そして子どもにも負担をかけるということで、年数回といった形に極端に制限する、といった対応をすることが多いのが現状である。そして子どもと別居親は互いに疎外されていく。

以下、子どもとの面会交流を争う典型的事例をいくつかあげながら、葛藤の高い離婚事例において、「子どもの福祉」の名のもとに、いかにして子どもと別居親が互いに疎外されていくか、その過程でいかに子どもの心が壊れていくかをみていきたい。

また、このような事例において、米国であれば、「子どもの福祉」をどのように考え、どのような対応がなされていくのかも比較検討していきたい。

ただし、事例はプライバシー保護の観点から、複数の事例を複合して筆者が創作したものであることを断っておく。

2　子どもと別居親が互いに疎外されていく高葛藤離婚の事例

【事例1】間接強制が効を奏して、年三回の面会交流が実現した事例

結婚生活五年後に、別居生活が始まった。夫婦関係の破綻の理由は、これといって大きな問題があったわけではなくて、些細な問題を巡って夫婦間で言い争うことが増えてきたことであった。喧嘩する度に相手方実家の価値の切り下げをし合い、どんどん傷つけ合うことになり、しばらく距離をおいて暮らそうということで、同意の上での別居であった。

別居後すぐに父親は、母親が連れて出た二人の子ども（当時、長女四歳、二女二歳）との面会交流を求めたが、母親は精神的不安定を理由に、かたくなにこれを拒否し続けたばかりか、家庭裁判所に性格不一致を理由に離婚調停を申し立て、修復する気持ちはないと主張した。

結婚生活中は、子どもたちと父親は良い関係にあった。そのため父親は、家庭を崩壊させ

てしまったことへの罪の意識から、また子どもたちに自分の気持ちを伝えることもできないままに切断されてしまった苦しさから、一時期、希死念慮を伴うほどの深い抑うつ状態に陥入り、精神科に通院し、安定剤を服用していた。

調停離婚成立後、四年ぐらい経って、やっと精神的に立ち直った父親は、面会交流を求めて家庭裁判所に調停を申し立てる。しかし、母親の父親に対する不信感は依然として強く、養育費を送っても受領を拒否し、面会交流はかたくなにこれを拒絶し続けた。家庭裁判所の調査官が家庭訪問して子どもたちの意向調査を行ったが、長女（九歳）も二女（七歳）も、「パパには会いたくない。顔も知らない人だし……」とはっきり意思表明した。

しかしその後も父親は、執念によって二人の子どもとの面会交流を求め続け、ようやく調査官立ち会いの下で試行面会交流が実現され、その後に、年三回、一回四時間の、母親同席での面会交流が裁判所によって認められた。

しかしその後も、親権者である母親は、子どもを父親に会わせることに強い抵抗を示し、さまざまな理由で、面会交流の前日に突然キャンセルする、といったことを続けた。

こうした、裁判所の決定をすら無視する母親に対して、激しい怒りを感じた父親は、裁判所に、母親が面会交流を一回拒否する度に、二〇万円を支払うことを命じてほしいという申立を行い、裁判所がそうした間接強制命令を出した結果、父親はやっと子どもたちに会うことができたのだった。

しかし、子どもたちは、面会交流の場で、「お父さん嫌い!」「面会交流の時間がもったいない!」「一年に一回会うだけで充分!」「私たちに関わらないで!」といった、以前の良好な関係からは想像もつかない言葉を吐き続けた。

【事例2】父親の不倫を理由とする離婚において面会交流が拒否された事例

結婚生活を経る中で、徐々に夫婦関係が疎遠になり、気がついた時には、父親が外で女性と不倫関係に陥っていた。不倫が発覚した後、父親は深く反省し、女性との関係を清算し、結婚生活の継続を希望したが、母親は父親を許さず、和解することはできなかった。父親は、子どもが乳児のときから子育てに深く関わり、したがって父子関係はとても良かった。

その後、母親は子ども三人(当時、長女一〇歳、二女八歳、長男五歳)を連れて実家に戻り、離婚調停で、子どもたち三人の親権者は母親になり、父親には月一回定期的に子どもたちと面会交流することが認められた。

何度か面会交流が行われたが、面会交流の前後に長男が頭痛・腹痛を訴えること、また二女の持病であるアトピー性皮膚疾患の悪化がみられたとの母親の訴えがあった。その後も何度か面会交流を行おうとしたが、前日になると決まって母親から、子どもが熱を出したからとか、子どもの学校行事が入ったからなどといった、あらゆる理由をつけてのキャンセルのメール連絡が入り、子どもたちに会えない状態が続いた。

裁判所に面会交流を求めて調停を申し立てたが、不成立で審判に移行した。審判では、離婚に至る経緯からして母親は未だに父親を許せず、子どもたちも、「家族を捨てて勝手なことをしていた人には会いたくない」「あいつのことなんか忘れてやりたい」と父親の写真を切り刻むほどの憎しみを未だにもっていることが指摘され、したがって母子ともに面会交流を維持していく心の準備ができているとは言い難いので、今の時点での面会交流は、「子どもの福祉」に適うとは言い難く、時期尚早であるといえる、との理由で却下される。

【事例3】夫婦喧嘩がDV申立となり、子どもとの関係を切断された事例

結婚生活八年の間に、ミネラル・ウォーターを冷蔵庫に入れるのか入れないのか、卵焼きに砂糖を入れるのか塩を入れるのかといったことから始まって、あらゆる些細なことで意見が衝突し、夫婦間での喧嘩が絶えなくなった。夫婦とも、もともと激しい気性で、互いに攻

撃的な言葉での応酬や、時には互いにつかみ合っての喧嘩にもなった。夫婦共働きだったので、子どもの養育に関しては、父親も離乳食作りも含めて母親と同程度に乳児期から関わってきた。

ある日、父親が帰宅してみると、母親と二人の子ども（当時長女七歳、長男三歳）がいなくなっており、その後、母親からDVを理由として離婚調停の申立があった。母親からのDV申立に対して、家庭裁判所では、これまでの夫婦関係の細かい聴き取り調査などの独自の調査を行うこともなく、母親の「DV夫」であるとの申立がそのまま認められた。

以後、父親は、まだ別居中であり、親権者であるにもかかわらず、子どもに関する情報は一切知らされず、また面会交流の申立も、まずは離婚の問題を解決してからといわれ続け、その後は母親も子どもも父親に対して恐怖心を抱き、怯えているとの理由から却下されてしまった。

またこうした争いの過程で、幼い子どもの直筆で「わたしたちはあいたくないんです」との手紙も渡された。

【事例4】再婚後の養子縁組によって、実父と子どもとの関係が切断された事例

結婚当初より夫婦は共働きで家庭生活を築き、息子の誕生後も父親は母親と同じぐらい育児に関わってきた。そのため母親が仕事で数日間留守にしても、息子はぐずることなく父親と過ごすことができていた。どちらかといえば父親っ子だったといえる。

ところが母親に好きな男性ができて以来、母親は父親に対して冷たくなり、息子（当時四歳）にもあまり近寄らせなくなるなど、家庭内別居の状態が続くようになった。

ある日、母親は、突然行き先も告げずに子どもを連れて、姿を消してしまった。急に子どもから切り離された父親は、必死で母子の居場所を探したが見つからないままであった。そんな時に、母親側から家庭裁判所に離婚調停が申し立てられた。離婚に応じ、親権を母親に譲れば、月一回、定期的に息子に会わせるというのが母親の主張であった。頑として譲ろうとしない母親の主張の前で、父親はやむなく離婚に応じた。

離婚成立後、しばらくは約束通り定期的に息子に会うことができていた。しかし、徐々に「子どもが会いたがっていないから」とか「子どもの都合が悪くなったから」とか「子どもが熱を出したから」などとさまざまな理由をつけては、面会交流を当日になって反故にするようになってきた。一年ぶりに母親に連れられてやってきた息子は、見違えるほど暗い表情

で、父親の前で首をうなだれ、貝のように黙りこくり、しんどそうであった。その様子に耐えられず父親は予定の二時間の面会交流を一五分で切り上げ、近くに待機していた母親に息子を引き渡した。その後、一年以上、息子には全く会えずにいる。

父親が面会交流を求めて家庭裁判所に調停申立をしたところ、母親の再婚の事実と、その再婚相手と子どもとの間の養子縁組の事実が明らかになった。

父親は大きなショックを受ける。実父が知らないうちに息子には新しい父親ができていたのだ。さらに追い打ちをかけるように、「新しい家庭を築きつつある現在、子どもが実父と関わりをもち続けるならば、忠誠葛藤が生じて混乱するから、しばらくは写真での間接的な面会交流で我慢して、子どもの成長を遠くから見守ることが子どもの福祉に適う」との理由で、父親からの面会交流の申立は却下されてしまった。

【事例5】深刻な片親疎外の事例

父親と三人の子どもたち（長女七歳、長男五歳、二女三歳）は、とても仲が良かった。一緒に海に行ったり、山に行ったり、遊園地に行ったりと楽しい思い出がたくさんある。

しかし、夫婦仲が険悪になり出した頃から、子どもたちの態度が、変わりだした。母親がいるところでは、父親を避けるようになり、父親に対して「きたない！」「きらいだ！」「そばに来ないで！」などと憎しみの言葉をはいたりするようになってきた。このような態度は母親の父親に対する態度と全く同じであり、かつ母親は「子どもたちがこんなに嫌がってるのが分からないの？」と父親をなじった。

また父親のことを「パパ」と呼ぶかわりに、「○○さん」と名前で呼ぶようになる。

しかし、母親の目が届かないときには、下の子二人は、一瞬、昔の親子に戻るような時もあった。しかし、そんな時でも、長女だけは、弟と妹を見張るかのように硬い表情のままであった。

母親は、同居中から子どもたちに、父親が母親と子どもたちを「迫害する存在」であるとの、現実的根拠に全く基づかない信念、つまり妄想を吹き込み、子どもたちも父親が話しかけても無視するようになり、同居しているにもかかわらずほとんど接触がない状態であった。夫婦間の葛藤も高く、父親にとっては耐えることのできる限界に達してきていたが、別居してしまえば、子どもたちとの接点を完全に失ってしまうと思って耐えてきた。

ある日仕事を終えて帰宅してみると、めぼしい家財道具とともに妻は子どもたちを連れて家を出て行ってしまっていた。やっと居所をつきとめて父親が面会交流を求めても、母親は

「子どもたちが嫌がっているのが分からないの！」の一点張りで、会わせようとしない。下の子二人が通う幼稚園に会いに行くが、父親の姿を見ると子どもたちは何か「怖い怪物」でも見たかのように逃げるようになってしまった。子どもたちの変貌ぶりにすっかり心を痛めた父親が、家庭裁判所に面会交流を求めて調停を申し立てる。

調査官が子どもたちに面接して意向を調査したが、子どもたちは、「○○さんには会いたくない」「お母さんがいればそれだけでいい」「○○さんといても楽しいことは何もなかった」「じゃまばかりする」「歯を磨かせる」「よく噛んで食べるようにとうるさい」『お母さんはうるさく言わない」などと主張する。子どもの目には母親は「一〇〇％善人」、父親は「一〇〇％悪人」である。父親を拒否する理由もあまりにも些細なことばかりである。しかも長女が答える言葉を、隣で弟も妹もまるでオウムのように繰り返すばかりであった。

その後、試行的面会交流が行われたが、家庭裁判所の面会交流の場に現れた父親の姿を見ただけで、子どもたちは「怖い怪物」に今にも襲われるかのようにパニックになって、母親の助けを求めて泣き叫び、面会交流は短時間で中断せざるをえなかった。

3　何をもって「子どもの福祉」と考えるか

前節で、子どもと別居親が互いに疎外され、子どもの心が壊れていく離婚プロセスを、五つの典型的な事例を通して見てきたが、これらの事例にはいくつか共通している点がある。

子どもを連れての勝手な別居開始――外国では「拉致行為」

事例1は、合意の上での別居であったが、事例2から事例5まではすべて、ある日突然に母親が父親に告げることなく子どもを連れて実家に戻ったり、あるいは居所を隠して姿を消すという形で別居が始まっている。夫婦間の葛藤が高くなってきたときに、夫が、「勤めに出ている間に子どもを連れて家を出るようなことはしないでほしい」と頼んだのに対して、「分かった」とか「絶対にそんなことはしない」と約束したにもかかわらず、出て行くということも結構多い。これなどは明らかに騙《だま》し行為である。

米国では、別居する前に、面会交流を含む養育計画の取り決めをしなくてはいけないので、上記の事例のように、夫婦の一方が相手との話し合いもせずに子どもを連れて勝手に別居することは、子どもの「拉致《らち》」に当たり、犯罪行為とみなされる。しかし、日本では、母親が子どもを連れて勝手に家を出ることは、違法行為とみなされないどころか、その後の親権・監護権の争いにおいて、「監護の継続性」という視点から、よほどのことがないかぎり母親に継続的に親権・監護権が付与されることになる。

人は、裁判に持ち込まれた場合に、どのような決定がなされるかを見越して行動をする。したがってこうした判例の下では、次々と判で押したように同じような事件が起きても不思議はない。

国際結婚をした夫婦間でも同じような問題が起きている。今、国際社会からこの点が大きく非難されている。もちろん、本当に危険なＤＶの問題があるような場合には、子どもを連れて逃げ出さなくてはいけないことはいうまでもないことである。

米国で、もし前述の事例のように片親が勝手に子どもを連れて家を出て、その後、別居親と子どもの面会交流を妨害し続けるということがあれば、別居親が面会交流を求めた時点で、この勝手に家を出た親は、「友好的親条項」、つまり「離婚後の子どもの監護について争いがあるときには、別居親に対してより友好的である親、つまり別居親に子どもをより頻繁かつ継続的に会わせるであろう親に監護権を与えることにする」という条項から判断して、養育親としてふさわしくないとの判断がなされ、親権・養育権は別居親へ付与されることになるであろう。

昔は、嫁いだ女性は、「三界に家なし」と言われたり、「出戻り娘」と言われたりで、よほどのことがないかぎり、母親が子どもを連れて実家に戻るということには戸惑いがあった。また祖父母も、娘が子どもを連れて戻ってきたときには夫の元に戻るようにと諭したものである。昔はそれほど離婚自体に抵抗があったということであり、女性は辛い思いをしたことだろう。

ところが近年は、娘が子どもを連れて出戻ってくることに祖父母が抵抗がないどころか、喜び迎える事例に出会うことが多い。離婚調停の場に祖父母がついてきて、娘の離婚に口をはさもうとすることも多くなってきた。また長寿社会になってきたため、祖父母といえどもまだまだ若く元気であるために、自分たちが孫の親として子育てに関わり、またそれを生き甲斐としているケースも増えてきているように思う。

このように、離婚自体に抵抗がなくなり、社会的スティグマも減ってきていることは、女性にとっても子どもにとっても救いではあるが、こうした祖父母の離婚への介入の問題も、別居親と子どもが疎外され、かつ子どもが壊れていくプロセスに寄与する一つの大きな要因になっているように思う。

別居親と子どもの交流への強い抵抗――片親疎外という病

事例に共通する特徴の二つ目は、別居・離婚後に子どもと暮らしている養育親が、個々の事例によって理由はさまざまであるが、別居親と子どもとの接触を嫌って、面会交流に理不尽に抵抗している点である。こうした母親（父親）に顕著に見られる特徴は、自分の前配偶者に対する思いと、子どもの父親（母親）に対する思いが、別であるかもしれないということへのイマジネーションが微塵《みじん》も働かないほどに、親子の境界がなくなってしまっている点である。

こうした親と子どもの境界のない癒着した状態は、言い換えれば、子どもの思いへの共感力の欠如であり、子どもの思いを自分の思いで支配し、子どもを親の思いに服従させてしまう行為である。これは、心理的虐待に該当する行為であり、アメリカ精神医学会の『精神疾患の診断・統計マニュアル』(DSM-IV-TR) の中の「二人組精神病」(Folie à Dieu) ないし「共有精神病性障害」にも該当する「片親疎外という病」といっても過言ではない。

裁判所も「子どもの福祉」の名のもとに、面会交流を制限

三つ目の特徴は、養育親が別居親と子どもとの接触に強く反対し、抵抗すると、ほとんどの場合に裁判所が、「夫婦間の葛藤が高いときに、あえて面会交流を行えば、子どもを葛藤のはざまに立たせることになるから、子どもの福祉に反する」として、養育親のいい分を認めて、面会交流の申立を却下したり、制限したりしていることである。

こうした一連の決定の背後には、何をもって「子どもの福祉」と考えるのかに関して、共通の判断基準がある。それは「両親間の葛藤のはざまに立たせることは、子どもの福祉に反する」との基準である。

もちろん、これらの決定も、大前提としては、子どもの権利条約に謳われているように、離婚後も両親と子どもが直接の接触をしていくことは子どもの健全な発達にとって良いことであると認めている。しかし、それはあくまで、養育親が強く反対することがない場合であり、養育親が強く面会交流に反対するときには、それに抗して面会交流を実現していくことは、「子どもの福祉に反する」ということになる。

したがって、裁判所の立場としては、夫婦間の葛藤が高い場合は例外であり、原則として子どもの権利条約はきちんと守っているということになるのであろう。

別居親から子どもを疎外することは「子どもの福祉」に反する

米国においては、別居親には法的権利として面会交流権が与えられているが、この親の権利は、子どもの福祉を害する場合には、子どもの福祉が優先されると法律に明記されている。この点は、日本の裁判所の態度と全く同じである。しかし、「子どもの福祉」の中身に関しては大きな違いがみられる。

米国でも、離婚後に子どもの発達に最も大きな害を与えるのは、「離婚自体」ではなくて、「離婚後の両親間の長引く葛藤のはざまに子どもを立たせることである」との共通認識がある。

しかし、だからといって、それを理由に面会交流を禁止ないし制限するかというと、決してそういう方向には向かわない。なぜなら子どもを別居親から疎外していくことは「子どもの福祉」に反することであるとの揺るぎない認識があるからである。

両親間の葛藤を低くする努力

では、両親間の葛藤が高いときにも、面会交流を頻繁かつ継続的にしていくために、米国ではどのような工夫がなされているのであろうか。

そのような工夫に関しては第七章でまた詳しく触れていくが、簡単にいえば、両親に教育プログラムやグループ・ワークショップ参加を義務づけたり、カウンセリング受講を命じたりすることによって、両親それぞれに葛藤を低める努力をしてもらいつつ、別居親と子どもが良い関係を築いていくことが、子どもにとって長期的にどれだけ大きな意味があるのかを理解してもらうのを助けていく。

日本でも、裁判所でビデオ鑑賞という形で親教育プログラムを利用し始めているが、別居親と子どもとの面会交流に、虐待といった問題がないにもかかわらず、いつまでも強く抵抗を示すような高葛藤離婚夫婦の事例においては、効果がなかったと報告されている。こうした事例の場合には、より積極的な介入を行う、親教育プログラムやグループ・ワークショップへの参加などを義務づけることが今後、必要であると思う。こうした対応は日本の裁判所でも、現時点でも十分、実践可能であると思う。

あるいは並行養育（パラレル・ペアレンティング）を勧めることによって、両親間の接触を極力回避し、それぞれの親が子どもとの時間に専念することによって、子どもを葛藤のはざまに立たせることの弊害を回避しつつ、子どもにとって両親との継続的な接触が良い経験になるようにサポートしていこうとする。

日本では、子どもに会わせることにさんざん抵抗していた養育親が、いざ面会交流が実現することになると、面会交流の場に自分も同席することを求め、裁判所もそれを認めるということが結構ある。ふてくされた顔をした養育親が同席する状況での面会交流が、子どもの福祉に適うはずがない。

また後述するが、米国では葛藤の高い夫婦間での面会交流には、費用本人負担で、ペアレンティング・コーディネーターをつけるとの決定がなされる場合もある。別れた夫婦間で子どもの問題について争いが生じたときには、ペアレンティング・コーディネーターに間に入ってもらって決めていくことになり、その決定が、裁判による決定と同じだけの拘束力をもつようなシステムである。

DV申立に対する対応

また事例3にみられるように、最近の日本では別居親を子どもから排除していこうとする際に、DV申立がなされることが非常に多い。その他に、子どもへの虐待申立、特に性的虐待申立は非常に強力な武器になりうる。この点は米国でも同じであり、別居親を子どもから排除していこうとして、DV申立、あるいは子どもへの性的虐待の申立がなされることが多い。

しかし、そうした申立に対するその後の対応の仕方が日米では大きく違う。

DVを理由として離婚が申請された場合、日本の場合には、事例3のように、その申立に対して家庭裁判所が独自の調査を行うことなく、申立人の言葉そのままに「監護親や子どもが未だに怯えている」からという理由で、面会交流を禁止する判例が多い。結果としてDVを理由として離婚申請し、別居親と子どもとの面会交流を排除していこうとする事例が繰り返される、という悪循環が生じている。

米国ではこうした場合、DVの専門家によって、その申立の真偽とともに、どのようなタイプのDVであるのか、再発の危険性、そして養育親および子どもへの危険性はどの程度か、といった評価がしっかりなされる。

一口に「DV」といっても、その中身は大きく違うし、別居・離婚した後の再発の危険性、そして子どもへの危険性に関しても個々の事例で大きな違いがある。こうしたことを考慮に入れた上で、子どもとの接触を許可するのか、監督つきに制限するのか、一時停止にするのか、禁止するのかを慎重に考えていく。

DV中立のケースにおいて、どのような面会交流を行うかの基準などについては、次章1節、2節で詳しく紹介していきたい。

深刻な片親疎外の事例への対応

事例5では、ガードナーが「PAS」（Parental Alienation Syndrome）と名付けた片親疎外事例のうちでも、深刻な事例を取り上げた。こうした片親疎外の事例は、軽度から中度、そして重度までと、その程度には幅があり、一つの連続体をなしている。

軽度から中度ぐらいの片親疎外の問題は、離婚後の親権争いの過程で生じてくることが多いが、事例5のような深刻な片親疎外状況が生じるような場合には、養育親側に、結婚前から人格的に何らかの問題があることが多いといわれている。

そして、ここまで深刻な片親疎外の状況に置かれてしまった子どもを救い出しうる唯一の方法は、そうした状況を作り出している養育親（多くの場合に母親）の監護下から、他方の親（多くの場合父親）の監護下に移すことしかない、とガードナーは指摘している。（こうした事例への対応策については、次章4節において詳しくみていきたい。）

また事例5では、同居中から子どもたちは「パパ」と呼ばなくなり、「○○さん」と名前で父親を呼ぶように変化している。「パパ」「お父さん」との呼びかけには、自ずと父親への愛情と敬意が込められる。母親が子どもに「パパ」「お父さん」と呼ばせないことには、母親の意識的ないしは無意識的な悪意を感じる。

その血の半分を受け継ぐ子どもたちに、父親に対する尊敬の念をもたせないように仕向けるこうした行為もまた、子どもたち自身の自尊感情を深く傷つけていく行為であり、「心理的虐待行為」であるといえる。

この父親の呼び名に関しては、ガードナーの報告する米国の深刻な片親疎外の事例においても、全く同じことが報告されている。

こうした深刻な片親疎外の状況に置かれた子どもは、養育親の愛情を失わないために大きな代償を払っている。

まず第一に、実は誰よりも自分たちを愛している父親を、自分たちを迫害する恐ろしい人物であると信じて、その姿を視界に入れることすら拒否し、泣き叫ぶ姿に顕著に表れているように「認知の歪み」である。こうした認知の歪みは、パラノイア的パーソナリティーとして固まっていく可能性がある（※2）。

第二の代償は、監護親に見捨てられないために、養育親の思いを一〇〇%鵜呑みにして生き、結果として「無自己」で生きることを強いられている点である。これは、「支配―服従関係」に生きることを強制するものであり、明らかに「心理的虐待行為」である。乳幼児期から「無自己」で生きた者が長じたときに、深刻な抑うつ感や希死念慮といった悲惨な後遺症を引きずることは、よく知られていることである。

※2 ここに見られるような、支配的な大人による受動的な子どもに対する自らの妄想体系の押しつけ行為は、前述したが、『精神疾患の診断・統計マニュアル』(DSM-IV-TR) の中でも、「二人組精神病」ないし「共有精神病性障害」として取り上げられている。しかしこうした「認知の歪み」ないし「共有された妄想的信念」は、通常、支配的影響力をもつ人から切り離された場合には、減少または消失するともいわれている。

国際離婚の増加――「拉致大国」との汚名を冠せられつつある日本

あらゆる分野にグローバル化の波が押し寄せている今日、結婚・離婚の分野もまたその例外ではない。国際結婚が増え、その四割が離婚に至るといわれている。

したがって、外国人が日本の家庭裁判所の裁判官や調査官、家事調停委員、そして弁護士といった司法システムと接点をもったり、また児童虐待を訴えられたりして、児童相談所や一時保護施設といった福祉システムと接点をもつことも急速に増えてきている。外国人の目から見た日本の司法・福祉システムは、単なる文化の違いを超えて、大きなフラストレーションや怒りを引き起こしている。

欧米先進諸国、そして中国や韓国でも、日本のように離婚後に単独親権制度をとってはいないので、日本の単独親権制度の下で起こる、別居親と子どもの疎外の問題は、「拉致大国」との汚名をもらうほど大きな国際問題に発展してきている。

安倍首相は、国際間の子どもの連れ去りを禁止する条約である「ハーグ条約」に加盟する方針を固めたといわれるが、これと並行して国内法を改正しなくては、問題の真の解決にはならないことは自明である

第六章　事件・悲劇から学ぶ

——子どもの福祉に適った面会交流を探る

1「子どもの福祉」を害する危険がある場合の面会交流

［審判例1］

子と申立人（父）との二回の面接実施の後、子の情緒が不安定になったことから、相手方（母）が三回目を拒絶したところ、父は夜中に母子のアパートを訪ね、ドアを叩くなどし、翌日は駐車場で相手方を待ち伏せ、路上で相手方を大声でなじったりしたため、子の情緒的不安定を根拠として、（面会交流）申立てを却下したが、理由中で「今は、相手方（母）がこまめに事件本人の近況を知らせる程度に留めるのが相当である」と付記した。

これは、一九九六年に家裁月報に発表されている、岐阜家庭裁判所大垣支部審判例である。少し古い審判例ではあるが、現在でもこうした審判例が相変わらず多数出ているので、このケースを取り上げて分析してみたい。

両親間の高い葛藤のはざまに立たされた形で子どもが面会交流をする時には、子どもは、養育親に同一化し、養育親の別居親に対する不信感や敵対心、そして憎しみなどを取り入れて、面会交流の前後に癇癪《かんしゃく》、腹痛、頭痛、ひきこもり、睡眠障害、夜尿など、さまざまな症状を示すことが多い。上記の事例では、面会交流を二回行った後から、子どもが情緒的に不安定になったとして、母親が三回目の面会交流を拒絶している。

それに対して父親が怒って、夜中に母子のアパートを訪ね、ドアを叩くなどし、翌日にも駐車場で相手を待ち伏せし、路上で母親を大声でなじっている。こうした行為は確かに行き過ぎであるが、母親側も、子どもの情緒不安定を理由に、三回目の面会交流を急に拒絶するという行為に出ているわけで、これに対して父親が怒るのは至極当然のことであると私は思う。母親としては、勝手に面会交流を拒否するのではなくて、裁判所に、子どもの情緒不安定を理由として、面会交流の一時停止を求めるべきであったろう。

こうした時に、裁判所としてまず、するべきことは、父親との面会交流の場で子どもの福祉を害するようなことが起きていないかどうか、あるいは子どもの福祉を害するような環境に子どもが晒されていないかどうかの調査である。

このようなことが起きていないことが確認された後に考慮すべきことは、両親間の高葛藤に子どもが晒されている結果としての情緒不安定である。

そのような時には、この審判例のように子どもの情緒不安定を理由として面会交流の申立自体を却下するのではなくて、両親間の葛藤に子どもを晒すことが子どもにどのような影響を与えているのか、またそうした状況が長期的に子どもにどのような影響を与えていくのかについて、親双方に助言を与え、かつ両親間の葛藤を低めるような方向で介入・援助（親教育プログラム等を通して）をし、子どもが両親の葛藤のはざまに立たされることなく、別居親との継続的な接触の恩恵を享受していけるようにサポートしていく必要がある。

こうした対処の仕方こそが、子どもの福祉を促進するものと思う。

また今後の方向としては、別居親と子どもが面会交流することは、子どもの権利条約でも謳われているように「子どもの権利」であり、また同時に親として子どもに対する養育責任や養育義務を果たしていく上で、それを養育親から邪魔されない当然の権利であることを、正面から認めていく必要があると思う。

そしてまた、こうした親の権利の制限ないし禁止は、別居親が養育親に対して暴力をふるい、それを子どもが目撃したり、介入していた場合、あるいは別居親が子どもを虐待していた場合、あるいは子どもを連れ去ったことがある、あるいはその危険性があるなど、現実に子どもの福祉を害する危険性があるような特定の場合に限定していくべきである。

監護の取り決めと子どもの福祉

カリフォルニア州においては、一九八〇年の法改正で、両親が未成年の子どもの監護を決めるに当たって共同監護（養育）に合意した場合、あるいは裁判所の審理で合意した場合には、共同監護（養育）が子どもの最善の利益に合致すると推定されるとされていた。しかし一九八八年に法律が改正され、共同法的監護（親権）、共同身上監護（養育）、単独監護（養育）のいずれに対しても、優先あるいは有利、または不利な推定もしないことになった。しかし、「両親が別居あるいは結婚を解消した後に未成年の子どもに、両親との頻繁かつ継続的な接触を保証するのが州の公共政策である」との大原則自体には全く変更がないので、両親が、自分たちの生活条件に一番よく合致した形で、広い選択肢の中から、子どもの福祉を実現するような養育計画を自発的に作り出していくことをサポートしていくことになる。

また一度は、共同養育の形、あるいは共同親権の形を選んでいても、両親からの申立、あるいは一方の親からの申立、あるいは裁判所自身の申請によって、こうした取り決めを修正したり、変更したりすることは、子どもの福祉のために必要であるということが証明できれば、可能である。

また共同親権の内容についても混乱が起きないように規定されている。つまり共同親権の形式をとる時には、どのような状況下で両親の合意が必要となるのかを具体的に明記しなければならない。また両親間で合意できない時には、どのようにして決めるのかも明記しなければならない。したがって明記された状況以外では、親は一人で子どもに対して法的コントロールができることになる。

また、離婚後に養育親が別居親の子どもとの面会交流を制限ないし禁止してほしいと思う時には、その旨を裁判所に申し立てることになる。

このような面会交流の制限ないし禁止の申立理由として多いのが、DVと性的虐待であり、この点は日本においても同様である。

韓国にもグローバル化の波が

筆者は、二〇〇九年九月に韓国のソウル家庭法院（裁判所）で実態調査を行った。韓国においては、もともと離婚後に日本のような単独親権制度はとっていないが、ごく最近まで、離婚後は原則として、単独親権が子どもの福祉に適うと考えられてきた。

ところが二〇〇八年以降、離婚後に何をもって子どもの福祉と考えるかについて裁判所の考え方が大きく変化してきており、離婚後の共同親権、共同養育を認める判決がソウルの家庭法院で続いているという。また協議離婚するときの離婚協議書の中の養育の仕方を選ぶ欄にも、単独親権、単独養育に加えて共同親権、共同養育の選択肢も含まれるようになった。韓国にも今、グローバル化の波が押し寄せ、離婚後の親子関係のあり方にも大きな変化が起きつつある。

DV申立がある場合の対応も規定

カリフォルニア州では、DV申立に対応するために、二〇〇五年に家族法が改正され、離婚後の面会交流について規定する条文（F.C.Sec.3100）（a）に以下の（b）（c）（d）の条項が付加された。
以下にその付加された部分を取り上げる。

(b) もし、Sec. 6218に定義されているところの保護命令が一方の親に出されている時には、裁判所は、子どもの最善の利益から考えて、その親による面会交流を裁判所によって特定された第三者の存在する状況に制限すべきかどうか、あるいは面会交流を一時停止ないし禁止すべきかどうかについて考慮せねばならない。裁判所はその審理の中で、その親が禁止されている行為の性質と、その命令が出てからの時間の経過を考慮しなければならない。その親は、面会交流の時に同席するにふさわしいと思う人の名前を裁判所に提出することができる。

(c) DVが申し立てられ、緊急保護命令、保護命令あるいはその他の禁止命令が出されているケースにおいて面会交流が命じられた場合には、起こる可能性のあるDVないし葛藤に子どもを晒すことを避け、また家族全員の安全を保障するために、面会交流の日時、場所そして子どもの受け渡しの仕方を特定しなければならない。

(d) 当事者の一方がDV被害者のためのシェルターないしその他の秘密の場所に滞在し

ていることを裁判所が知った場合には、日時、場所そして子どもの受け渡しの仕方の命令は、シェルターあるいはその他の秘密の場所を明かさないように工夫されねばならない。

DVがあるだけでは子どもから排除しない理由

このように、カリフォルニア州では、子どもの福祉に反するとの証明がないかぎり、別居親には相当なる面会交流権が与えられなくてはならないが、DVの主張をしても、それでもって直ちに子どもの福祉に反するとの証明にはならないことが分かる。

配偶者間にDVがあり、接近禁止命令等の保護命令が出ているような場合、あるいは被害者がシェルター等に避難している場合でさえも、そのことをもって直ちに、暴力的な親と子どもとの面会交流が禁止されるということにはならない。

こうした政策の背後には、DV加害者を接近禁止命令や面会交流禁止などによって被害親や子どもから排除するだけでは問題の真の解決にはならないとの認識がある。被害親と子どもの安全を守りつつ、また加害親にも暴力的関係性を克服する努力をしてもらいつつ、加害親と子どもとの関係性を築いていくことが、長い目でみて子どもの福祉に適い、加害親の更生をも助け、ひいては被害親の安全にもつながるとの認識があるのだ。

しかし、こうした加害親と子どもの面会交流を許すことが、子どもの福祉に反する場合ももちろん出てくるので、どういう場合に許可し、どういう場合に制限し、どういう場合に一時停止し、あるいは禁止するのかという判断の基準が大事になってくる。

2 「DV加害親」と子どもの面会交流

米国の裁判官たちも、ごく最近まで、DVの問題について、またそうしたDVが子どもにどのような影響を与えるかについて、十分な情報を持っていなかった。しかし、DVを理由とする離婚や、離婚後にDVを理由として別居親の子どもとの面会交流を禁止してほしいとする申立などに、適切に対処する必要に迫られて、前述したように二〇〇五年に、カリフォルニア州では法律に、DVが絡む面会交流への対応の仕方が付加されたのだった。

日本では、そもそも「DV防止法」が施行されたのが二〇〇一年とごく最近であり、また離婚後の別居親の面会交流そのものが法的に確立された権利ではないこともあって、離婚理由がDVである場合には、「加害親」と子どもとの面会交流が認められることはかなり困難である。

たとえ父親の子どもへの愛情が真正のものであることが認められたとしても、母親が強く拒否している時には、「父親と対等な立場で協力しあうことはできない状況」であるから、面会交流を実現させ、あるいは間接的にも強制することは、母親に大きな心理的負担を与えることになり、結果として、母子の生活の安定を崩し、子どもの福祉を著しく害するおそれが大きい、といった理由で、却下されることが多い。

しかし、米国においても、離婚後に元夫婦が協力して子育てに関与している割合は、およそ三割程度であり、大多数の人たちは相互に関わりをもたずに、子どもが自分と一緒に暮らす間の子育てに専念するというような、無関与的関わり方をしているのが現実である。

ましてやＤＶが理由で離婚をしたような場合には、「面会交流の円滑な実現に向けて、父親と対等な立場で協力しあう」などということは、そもそも期待しない。とはいえ、こうした対等な立場で協力ができないことを理由に、子どもと別居親との面会交流を拒否するという結論にも至らない。

米国の場合には、両親間のＤＶは認定されたが、子どもには暴力行為がなかったような場合には、母親が接近禁止命令を出してもらい、さらにビジテーション・センターにおけるような専門家による監督つきの面会交流が行われるのが普通である。そこにおいては被害親と加害親の接触を極力避ける工夫をし、さらに、希望者にはビジテーション・センターから駐車場までの帰途も警備員が送るなどの形をとり、徹底して被害親の安全を守りつつ、可能なかぎり子どもと別居親との交流をサポートしていこうとする。

こうしたサポートと同時に、暴力をふるった親には、一八週にわたる親業クラスと、五二週にわたるＤＶプログラム参加が義務づけられ、また被害親および子どもにも、傷つき体験を見つめ、そこから回復するために、カウンセリング受講が義務づけられることになる。

こうした多大な努力の背後には、繰り返すが、暴力をふるった親を子どもから排除するだけでは、ＤＶ問題の真の解決にはならないという、苦い経験から学んできた強い信念がある。この点が、米国と日本におけるＤＶケースにおける面会交流のあり方の一番大きな違いといえる。

ＤＶの危険度評価

ＤＶを理由に、別居親と子どもとの面会交流を禁止してほしいとの申立が監護親からなされた時に、裁判所がまずしなければならないことは、ＤＶの主張の真偽を判断することである。

しかし、そうした判断は、裁判官といえども容易にできるものではない。したがって、こうしたケースの多くは、米国では、精神科医あるいは心理臨床家の評価ないし鑑別診断に委ねられることになる。

カリフォルニア州では、一九九八年以来、こうした監護についての評価者として任命される前提として、精神科医や心理臨床家である、というだけでは十分ではなく、さらにDV問題について特別の訓練を受けることが要求されるようになった。つまり、訓練を通して、DVのダイナミックス、DVの子どもに与える影響、カリフォルニア州のDVに関する法律、家族にとっての治療資源等についての知識を得なければならない。

このように米国でも、離婚後の子どもの養育のあり方を決めるに当たって、DV問題に真剣に取り組みだしたのは、ここ一〇年ぐらいのことである。

DV中立は真実か？

DVについての評価を依頼された精神科医ないし心理臨床家は、まずDV中立が真実であるかどうかを確かめる必要がある。そのためには、結婚生活の中での両親の関係性を、個別面接で綿密に聴き取り調査する必要がある。

特に暴力に関しては、その性質や程度について詳しい情報を得る必要がある。写真や診断書、警察への通報や報告書などがある時には、その申立が真実であることの証明が容易になるが、そうした傍証がない時でも、それでもって直ちにその申出が偽りであるとは断定できない。また心理テストは各自のパーソナリティー傾向を知る手がかりになるので有用である。また最初の暴力はいつであったか、最も最近の暴力はいつであるか、最悪の暴力はどんなものであったか、引き金となった出来事は何であったか、ということを、個別面接の中で聴く必要がある。こうした質問の目的は、暴力のパターンを知ることにある。

ハイリスク度の指標

次に、DV申立が真実であることが分かった場合には、加害者の危険度が低いのか高いのかを評価する必要が出てくる。

米国の刑事司法関係者用マニュアルの中に「バタラーのハイリスク度」の指標として次の七項目があげられている。つまり、①自殺ないし他殺の脅し、②自殺ないし他殺の空想、③凶器の所持、④相手への執着、⑤離婚などの別離の時点、⑥ストーキング行為その他の法律違反行為がある、⑦人質をとる、などである。

一九九九年にスタールは、上記の指標と一部重なるが、以下の一二項目をハイリスク度の指標としてあげている。①自殺ないし他殺の脅し、②自殺ないし他殺の空想、③武器の所持、④薬物、アルコール、あるいは両者の所持ないし使用、⑤暴力被害パートナーに対する所有意識、⑥暴力被害パートナーへの著しい依存、⑦別居に際しての暴力、⑧抑うつ、⑨暴力被害女性、その家族成員、あるいはその両者への接近、⑩法執行官の反復的関与、⑪暴力の危険度のエスカレーション、⑫人質をとる行為、となっている。該当する項目が多いほど加害者の危険度は高いといえる。

DVといっても一様ではない――五つの類型

前述の加害者のハイリスク度の評価とも関連してくるが、ジョンストンとキャンプベルは、離婚の過程で起きるDVを五つの類型に分けている（一九九三）。私も、心理臨床の経験を通して、離婚の前後に暴力行為があったからといって、すべてを「DV」という一つのカテゴリーで括って面会交流の問題に対処していくことは、「暴力的親」とされた親から子どもを不必要に疎外していく恐れがあるとの危惧を抱いてきた。

今後は、日本でも、DV中立があったときには、その暴力の中身、つまりDVの類型や、被害親および子どもへの現実的な危険度を、より緻密に評価していく必要がある。こうした過程を経て初めて、被害親の安全と、子どもの安全を守りつつ、離婚後もできるだけ別居親と子どもの接触を保証していく、という大きな目標を達成することができると思う。

DV加害者が非暴力的な生き方へと行動変容することを支える会である「メンズサポートルーム」で加害男性とつきあってきた中村正氏もまた、DVと一口にいっても一様ではないことを指摘している。つまり妻の不倫に対して暴力をふるった事例もあれば、コミュニケーション下手なためについ手が出てしまった事例、幼少期より学習してきた男性役割をそのままコミュニケーションして暴力となる事例、そして葛藤が高まった時に暴力行為になった事例などさまざまであると指摘している。

以下、ジョンストンとキャンプベルを参考にしつつ、DVの五つの類型を簡単にまとめてみる。

①男性による継続的な暴力

このタイプのDVは、ウォーカー(一九七九)が、その著書『バタード・ウーマン』の中

図6-1　暴力のサイクル

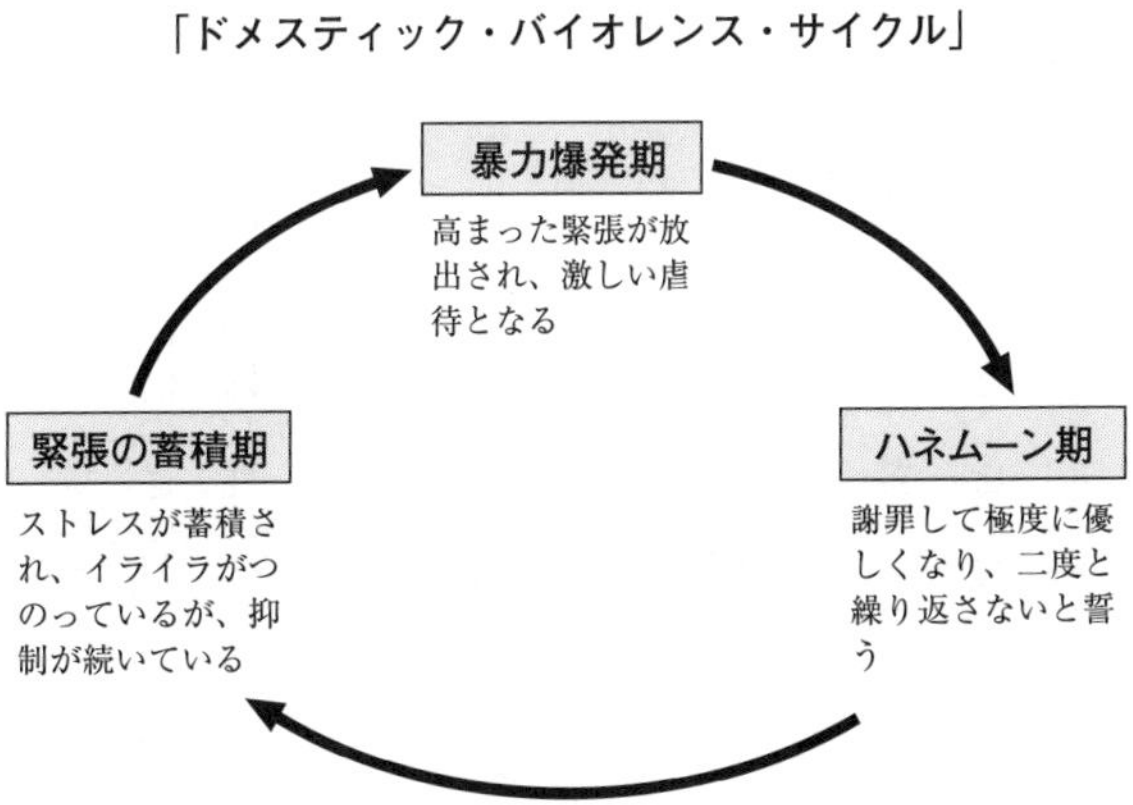

「ドメスティック・バイオレンス・サイクル」
暴力爆発期
高まった緊張が放出され、激しい虐待となる
ハネムーン期
謝罪して極度に優しくなり、二度と繰り返さないと誓う
緊張の蓄積期
ストレスが蓄積され、イライラがつのっているが、抑制が続いている

出所：いのうえせつこ『女性への暴力』（新評論）より引用

で述べているいわば古典的な類型であり、常に男性から女性への暴力である。

その特徴として「暴力のサイクル」がある。つまり第Ⅰ期として、ストレスが蓄積され、イライラがつのってくる「緊張の蓄積期」があり、第Ⅱ期として、ストレスが限界に達して激しい虐待的暴力が起きる「暴力爆発期」がくる。その後に第Ⅲ期として、謝罪して極度に優しくなり、二度と繰り返さないと誓う「ハネムーン期」がくる。こうしたサイクルが、その周期には大きな個人差があるものの、無限に繰り返される（図6―1参照）。

このような関係性の中で生じる暴力は、非常に深刻で、時には命に危険があるレベルにまで達する。また、加害者の特徴として、自

分の行為を矮小化《わいしょう》したり、否認したりして、責任を相手に転嫁することが多い。

この類型に当てはまる男性の多くは、自己愛的であり、こうした暴力は、情緒的に圧倒されるような自己愛の傷つきに対する反応であるといわれている。また、この類型の男性の暴力は、妊娠、出産後に女性の注意が胎児や乳児に向かった時に、自己愛がひどく傷つき、暴力が初発することが多いとも報告されている。また別居後も特に危険な時期であるといわれている。

この類型に当てはまる男性の顕著な特徴には、前述の否認・矮小化・責任転嫁とも関連しているが、自分の行為が相手や子どもに与えている影響についての共感のなさと、罪の意識の欠如がある。

またこのような暴力に晒されてきた子どもの特徴として、年上の男の子の場合には、父親と同一化して、敵対的で扱いが難しく、また母親に対して父親と似たような支配的行動をとることがみられている。また小さな子の場合には、男女差なく、不安感が強く、混乱しており、また母親の安全を心配している。これらの類型に属する父親の中には、娘との境界が弱くて、誘惑的行為と攻撃的行為の間を揺れる父親がいることも報告されている。

②女性が始める暴力

この類型に当てはまるケースは、あまり多くはない。類型①に属する男性の場合と同じで、この類型に属する女性は、内的な耐え難い緊張やストレスを蓄積させ、その爆発として暴力行為に至っている。そうした緊張やストレス蓄積の一因として、相手の男性が自分の情緒的なニーズを満たしてくれず、期待に沿ってくれないといった思いがある。こうした女性からの暴力被害を受ける男性の多くは、非常に受動的であり、時には、受動—攻撃的（※3）であるのが特徴である。こうした男性側の受動性が、女性側の暴力を誘発しているようなところがある。

特に別居時点で子どもの監護や経済的な問題を巡って争う際に、こうした状態が悪化する可能性がある。

母親と子どもの関係性は、不安定かつ予測不能であることが多い。子どもたちは、多くの場合、不安定で要求がましく、かつ不安が強い。男の子の場合には、父親に同一化して、受動—攻撃的であったり、抑うつ的であり、母親に対する怒りを抑圧しているようなことも多い。またこの類型に属する母親は心理的に問題を抱えていることが多いともいわれている。

※3　心の中に攻撃性が潜んでいるが、それが暴力や罵声となって表現されずに、非暴力的形で表現されることを受動―攻撃性と呼ぶ。例えば、妻から何か頼まれてもぐずぐず引き延ばしたり延期したりする。あるいは意図的にぐずぐずしたり、あるいは忘れてしまったりして結局、やらないことになる。こうした形で離婚後に子どもとの面会交流を何度もすっぽかした父親に、子どもの気持ちを踏みにじる行為であり親としてあるまじき行為として面会交流禁止が言い渡されたケースに、一九八四年の米国での調査で出会ったことがある。その時、父親は受動―攻撃性人格障害と診断されているとのことだった。

③男性がコントロールしている相互的な暴力

この類型に属するDVは、配偶者間の意見の不一致や葛藤がエスカレートして、コントロールを逸した時に生じるものであり、男性、女性の別なく暴力行為に至るが、数の上では男性のほうが多いといわれている。

この類型に属する人たちの特徴は、自我コントロールが弱く、また怒りやフラストレーションに対する建設的な対処の仕方が身についていないことである。おそらく幼少期に育った環境の中で、問題解決の手段として暴力を用いることを観察学習してしまっている人たちといえ、したがって問題に対して暴力で対処することに疑問を感じていないことが多い。前述の中村正氏の指摘する「コミュニケーションが下手な事例」や「学習してきた男性性役割をそのままコミュニケーションして暴力となる事例」などはこの類型に入ると思う。

この類型に属する男性が女性に暴力をふるう場合でも、類型①の場合とは違って、相手をコントロールするために必要な程度の力の行使であって、命に危険を及ぼすほど殴り続けるわけではない。したがってこの類型の暴力の場合には、別居すれば、お互いに刺激するようなことがないかぎり、暴力再発の危険性はないといわれている。

この類型に当てはまる親たちが、問題解決の手段として暴力を用いることを学習してしまっているように、子どもたちも、親をモデルとして、問題を力によって解決することを学んでしまっているであろうことは、バンデューラーのモデリング理論からも容易に予測がつく。早い時期に介入していかないと、子どもたちも、大人になった時に問題解決の手段として暴力を用いるという連鎖が続いていくことになるだろう。

④別居が引き金となった暴力

類型①に該当する加害者の暴力が、被害親が別居を言い出した時点で、非常に危険度を増すことはよく知られていることである。何度も来日してDV防止のために講演している米国在住の加藤洋子さんの娘さんとお孫さんも、娘さんが離婚を決意し、別居を言い出した後で惨殺されている。こうした危険性についてはよく認識しておく必要があるといえる。

しかし、この類型④に該当する暴力は、そうしたケースとは違って、結婚生活の間は暴力はなかったが、別居前後の傷つきやショック、見捨てられ感、心理的圧倒感から生じてきたものである。もちろん、このような別居前後の限られた暴力行為といっても、下手をすると深刻な事態に至る可能性はあるのだが、類型①と違って、反復・継続する暴力ではないことも確かである。しかし、そんな場合でも、離婚後の争いの中では、相手のことを「暴力亭主（妻）」と呼び、あたかも相手の人格全体が暴力的であるかのように語られることが多いのも現実である。

類型①と類型④を区別する一番顕著な手掛りは、前者が自分の暴力行為を否認・矮小化・責任転嫁し、相手や子どもに与えた影響に対して共感が欠如しているのに対して、後者は自分の暴力行為を認め、恥じ、当惑し、心底から罪の意識を感じ、反省しており、自分の行動が子どもに与えた影響についても充分理解している点である。

この類型④に該当するような暴力に晒された子どもの様子は、典型的なＰＴＳＤの症状を呈するといわれている。しかし、一般に、この類型に属するケースの場合には、子どもも親もその予後は良いといわれている。

⑤精神病的かつパラノイド的反応としての暴力

家庭内暴力は、時に、何らかのタイプの思考障害や妄想、あるいは薬物によって引き起こされた精神病が原因である場合がある。ジョンストン（一九九三）によって報告されているこの類型に属するケースのほとんどすべてが、別居自体が引き金となって急性の暴力行為に至っている。暴力反応をした側（男女いずれの可能性もある）は、相手が自分と子どもを傷つけようとしたと信じている。したがって彼らの暴力は、こうした認知された敵意に対抗するための自己防衛的な暴力といえる。こうした暴力の危険度は、中程度から深刻なものまでと幅がある。

この類型に属する暴力の怖さは、予期できない点である。またこの類型に属する暴力をふるう人は、被害者を援助する人をも、自分を傷つける計画の共謀者と思い、暴力ないし脅しのターゲットにする可能性がある点にも、留意する必要があるといわれている。

ここまでみてきたように、一口に「ＤＶ」と言っても、その中身は大きく違う。したがって、暴力の再発の危険度そして子どもへの危険度に関しても、それぞれに大きな違いがあるといえる。したがって、こうしたＤＶの類型も考慮に入れた上で、ＤＶを申し立てられた別居親と子どもとの面会交流のあり方を考えていく必要がある。

DV加害親との面会交流の基準はどうあるべきか

監護親がDVを理由に別居親と子どもとの面会交流の禁止を求めた場合、米国では以下のような基準が広く用いられていると監護評価者であるスタール（一九九九）は指摘する。

①両親間に暴力関係があったばかりではなくて、子どもにとっても、身体的虐待、心理的虐待、あるいは誘拐の恐れなどの現実的な危険がある時には、監督つき面会交流という制限された面会交流を命じる。こうした監督つき面会交流において監督を行う人としては、ビジテーション・センターの専門家による場合と、祖父母や親戚あるいは家族の友人、その他の非専門家による場合があるが、やはり専門家によるほうが子どもの安全を毅然として守りきれるので良いといわれている。

②子どもに対する危険が現実のものではないが、子どもが危険を恐れているような場合にも、監督つきの面会交流を命じるのが良いといわれている。

③両親間の暴力再発の危険性はあるが、子どもに対する虐待や誘拐の危険性は全くないよ

うな場合には、子どもの受け渡しのみをビジテーション・センターでモニターつきで行う。このような場合には、両親がかち合わないように、時間を一五分程度ずらして、ビジテーション・センターの職員が仲介して、子どもを母親から預かり、その後に父親へ引き渡し、面会交流終了後にまた父親から子どもを預かり、母親に引き渡すといった形をとる。暴力再発の危険性、ストーキングの危険性が高いような場合には、接近禁止命令による保護だけではなくて、現実に警察の援助も受けながら安全を守っていくこともある。

④暴力加害者が自分の暴力行為を否認し、また子どもが監督つき面会交流の形でさえも暴力をふるった親との接触に対して恐怖を示しているような場合には、面会交流を極端に制限するか禁止する。

⑤暴力再発の危険性がほとんど皆無であるというような場合には、中立的な場所（例えば、マクドナルドの店舗など）の前での子どもの受け渡しや、家族や親戚、友人に立ち会ってもらっての子どもの受け渡しということも可能である。

このような基準が提示されているが、実際にＤＶが申立てられたケースで、どのような面会交流の取り決めがなされているのかを、筆者が二〇〇四年にサンフランシスコ郡の家庭裁判所で傍聴したケースを通して見ていきたい。

【事例1】母親が接近禁止命令を、父親が娘との面会交流の再開を求めた事例

本事例は、午前中に離婚調停が行われたが合意に至らず、午後から審判に移行したケースである。両当事者は三年半にわたって同棲してきており、いわば事実上の夫婦関係にあった。二人とも離婚経験があるが、二人の間には現在二歳五カ月の娘がいる。すでにDVを理由に一年間、別居してきたが、その最初の一〇カ月間は、別居親である父親と娘は定期的に面会交流してきた。

父親には、前婚からの息子が一人、母親にも前婚からの息子が二人いる。母親は代理人とともに、父親は代理人なしでの出廷であった。

現在、母親は、父親に対して三年間の接近禁止命令を求め、父親は、母親によって中断されている二歳五カ月の娘に対する面会交流の再開を求めている。

争点は、一年間の別居期間のうち、最初の一〇カ月間は隔週ごとの面会交流が続いてきたが、最後の面会交流が行われた五日後に、父親が母親に縒《よ》りを戻したいとの申出をし、母親

がその申出を断ると、娘を連れて姿を消すことをほのめかしたり、自殺をほのめかしたりしたため、その二週間後に予定されていた面会交流を母親は拒否した。その結果として過去一カ月半、父親は娘に会えずにいる。苛立った父親は、母親の会社に頻繁に電話し、その結果、母親は解雇されてしまった。父親は裁判官に向かって、何度も娘に会わせてほしいと懇願する。

母親の主張によれば、同棲中に首を絞められたことが一〇回ぐらい、唾を吐きかけられたり、ブラウスを破られたりしたことは幾度となくあったという。髪の毛をつかんで台所から居間、そして自分の部屋まで引きずられて殴られたこともあったという。

父親には、先妻に対しても、接近禁止命令が出ている。

審判内容は、以下のようなものであった。

①父親に対しては母親への三年間の接近禁止命令を出す。

②父親と娘との面会交流に関しては、ビジテーション・センターでのモニターつきでの受け渡しと監督つきでの面会交流（週二回、各一時間ずつ）を許す。

③母親と子どもはチャイルド・トラウマ・プロジェクトへ参加し、治療を受けること。

④夫は一八週の親業クラスと五二週のＤＶプログラムに参加すること。

上記の審判を言い渡す時に、裁判官（女性）が当事者に語ったことの要旨は以下のようなものであった。

本児はまだ二歳五カ月と幼いので、その記憶のスパンは非常に短く、したがって週二回、一時間ずつの面会交流から始めるが、できるだけ早いうちに週二回、二時間ずつの交流へと移行していく心づもりであること、また本児と父親との交流の様子を見つつ、監督なしでの面会交流へと移行していく心づもりでもあることも告げた。また、子どもを暴力シーンに晒したこと、そのことがすでに幼い子どもの脳に重大なダメージを与えてしまっていること、またその深刻さを父親が十分に理解していないことを、強い口調で指弾した。その場面は非常に印象的であった。

このようにこの事例では、母親への暴力再発の危険性があるために、接近禁止命令が出されている。また子どもへの直接的暴力の危険性は全くないが、誘拐の恐れがあるために、モニターつきの引き渡しと、監督つきの面会交流という、制限された形での娘との面会交流が言い渡されている。しかし裁判官は、様子を見つつ、モニターつきの受け渡しだけを残して、以前のように家での面会交流へと移行していく心づもりであることを父親に告げている。

このケースにおけるように、第三者の監督つきで親子が会うということは、非常に不自然なことであり、親であれば誰もこうした状況を望む者はいないであろう。したがって、父親に語りかけられた裁判官の言葉は、暴力行為を厳しく指弾すると同時に、こうした不自然な制限に耐え、関係修復への努力をする励みとなるようにとの温かい思いが込められているように私には聞こえた。

【事例2】父親には五二週のDVプログラム参加と父方祖父母宅での監督つき面会交流

父親には、同居中に、アルコール・薬物依存の問題と、母親への暴力という問題があり、逮捕され、五日間拘留されていた。それ以降、夫婦は別居中である。

裁判官が母親に、元に戻る気持ちがあるかどうか、今後、父親がまた暴力をふるう恐れを感じるか否かと問いかけると、母親は、もう元に戻る気持ちはないこと、暴力再発の恐れは感じない、ということで、父親に対する接近禁止命令の申立はその場で取り下げられ、以下のような審判が下された。

①子ども三人に対しては、母親が単独で親権も養育権も得る。

②父親は隔週末の土曜の正午から夕方六時まで、父方祖父母宅で祖父母の監督下で、三人の子どもと面会交流をする。ただし、祖父母には、父親のアルコールないし薬物使

用に気づいた時には、裁判所へ即刻、通告する義務がある。
③父方祖父母宅への子どもたちの送り迎えは、母親がする。しかし、母親が送迎して来た時には、父親は、母親と顔を合わせないようにする義務がある。
④父親は五二週のDVプログラムに参加する義務がある。
⑤父親は罰金五〇〇ドルを支払うかわりに一二時間のコミュニティー・サービスをする。
このケースでは、裁判官が父親に、子どもに対する親権を共同でもちたい気持ちがあるかどうかを確認している。それに対して父親が即座に「面会交流だけでいいです」と答えたのが印象的であった。子どもの養育にコミットする気持ちが低い印象を受けた。

ちなみにカリフォルニア州の場合には、DV加害親が単独養育権あるいは共同親権ないし共同養育権をもつことは、子どもの最善の利益に反するとの推定は働かず、したがって、本事例のように、裁判官の判断によっては、DVの問題のあった父親に共同親権をもつことを許すことも可能である。本ケースでは父親がそれを望まなかったが、もし父親が望み、そのような決定がなされた場合には、そうした選択がなぜ子どもの福祉に適うと判断するのか、裁判官はその理由を明記しなければならない。

こうした法規定があるとしても、いろいろな課題を未だ残している父親に、親権を共同で持ちたいかどうかと問う裁判官の姿勢に正直いって驚いた。が同時に、「最良の親は両親である」とのパブリック・ポリシーの定着ぶりをみた感じがした。

また同居中には確かに暴力行為があったが、別居した今、そして離婚後に、暴力再発に対する恐れがあるかどうかと問われて、母親が「ありません」と正直に答え、接近禁止命令申立を即座に取り下げる決意をした流れに対しても、傍聴していて母親に対して良い印象をもった。

この事例の場合には、暴力再発の危険性がないということで、専門家による監督ではなくて、父方祖父母による監督という緩やかに制限された面会交流の形になっている。しかし、父親にはアルコールと薬物乱用の前歴があるために、面会交流は泊まりがけではなくて、隔週ごとに六時間という、米国の基準からすれば短いものになっている。

また子どもの受け渡しも、第三者のモニターつきではなく、母親が父親の家まで子どもを送迎する形になっているが、父親には送迎してきた母親と顔を合わせない義務も課されている。また監督者としての祖父母には、父親のアルコールおよび薬物使用を監督する義務、および使用に気づいた時には即刻、裁判所に通告する義務が課されている。

こうした義務に父親および父方祖父母が違反したときには、面会交流は即刻、禁止されることになる。このことが父親および父方祖父母がルールに従う動機づけになっていると思う。このように裁判官の判断の背後には、たとえ親が暴力やアルコール・薬物依存などの問題を抱えているような場合であっても、子どもの健全な成長にとっては「両親こそが最良の親」であるとの、パブリック・ポリシーにしっかり根ざした信念があることが分かる。

3 高葛藤離婚夫婦の特徴

高葛藤離婚夫婦はどのような人たちか

カウンセラーでありメディエーター（離婚調停者）でもあるジョンストンとキャンプベル（一九八八）は、裁判所から紹介されてきた八〇組の高葛藤離婚夫婦を臨床的に評価している。その結果、一六〇人の対象のうち六四％の人が人格障害であると評価され、二七％の人が人格障害特性をもっていると評価された。

また男性の場合には、強迫性人格障害、パラノイド人格障害、反社会性人格障害、回避性人格障害、シゾイド型人格障害、そして受動—攻撃性人格障害が多くみられた。

他方、女性の場合には、依存性人格障害、演技性人格障害、境界性人格障害が多くみられた。さらに二五％ぐらいの人には、アルコールや大麻、コカインといった物質乱用がみられ、元配偶者によってアルコールや薬物の問題歴が持ち出されることも多かった。

他方、抑うつや不安障害がみられたのは二〇％にすぎなかった。離婚による喪失体験や離婚後の急激な環境変化を考える時、この割合は予想に反して低い。

ジョンストンとキャンプベルは、この点に関して、高葛藤離婚夫婦の場合には、「紛争の継続が、生活に構造と生きる意味を与え、結果として彼らを抑うつや不安から守る働きをしているのではなかろうか」との仮説を提示している。

この仮説はなかなか説得力がある。したがって、調停や裁判で争う人を心理的に援助する時には、これらの紛争行為の果たす「守りの機能」をも十分認識した上で、より健康かつ建設的な方法に置き換えていくように援助していく必要があるといえるだろう。

つぎに、心理・社会的なストレス水準に関しては、六四％もの多くの人が、離婚や訴訟のみならず、失業、金銭的困窮などの、極度ないし深刻な心理・社会的ストレッサーを抱えていた。

最後に、高葛藤離婚夫婦の離婚前の全体的機能水準は、七四％もの多くの人が普通以上であったが、前述したように六四%もの多くの人たちが、離婚後には人格障害と評価されるほどさまざまな心理的病理を呈するのである。

ここで、これらの心理的病理が、もともとの人格障害の結果なのか、あるいは別居・離婚の過程で経験する深刻なストレスに反応した、慢性ないしは急性の反応なのかを、個々のケースで判断することはなかなか容易なことではない。しかし、心理的な不調が、裁判所に行く前日や面会交流の前後といった、プレッシャーの高い時に生じたり、結婚記念日や家族が揃って祝うクリスマスや正月などの、祭日に限って現れるような場合には、反応性のものである可能性が高いことが示唆される。

また上に述べた①人格障害の水準、②心理・社会的ストレス水準、③全体の機能水準の三つに関して、悪い要因が重なるほど、離婚後の争いは、激しさを増すとともに長期化する可能性が高くなってくる。

また、元配偶者に対して、自分のみならず子どもへも接近禁止を求めたり、あるいは、元配偶者による子どもへの性的虐待を訴えるような場合には、争いはさらに熾烈化していく可能性が高い。

さらに、高葛藤離婚夫婦間には、言語的、物理的攻撃が生じることも多いが、間歇《かんけつ》性爆発障害ないし衝動―統制障害と評価された人は、一五％にすぎなかった。したがって多くの場合、こうした攻撃行為は、別居・離婚の過程での相互作用によって、引き出されてきたものであることが推測できる。

4　子どもが別居親との面会交流を拒否する場合

両親が別居・離婚した後に、別居親との面会交流を拒否する子どもがいる。その中には、二種類の子どもがいるので、その区別をすることが大事である。

一つは不当な理由に基づき執拗《しつよう》に面会交流を拒否する場合であり、他方は、正当な理由に基づき面会交流を拒否する場合である。

不当な理由に基づく面会交流拒否――片親疎外

このようなケースに該当するのは、子どもと拒否されている親との離婚以前の関係性から判断して、面会交流を拒否する理由が全く理不尽であり、しかも、子ども側に何らの罪の意識もなくあからさまな敵対心を示し、また否定的な思いや恐れを抱く場合である。こうした状態は、ガードナー（一九九二）によって「ＰＡＳ（片親疎外症候群）」という言葉で説明されて以来、広く知られるようになった（※４）。

このような子どもの状態は、ガードナーによれば二つの要因が組み合わされることによって引き起こされるといわれている。一つ目は、一方の親による子どものプログラミングであり、二つ目は、子ども自身の貢献である。

つまり、親権や面会交流を熾烈に争っている親の葛藤のはざまに立たされる子どもは、同居親に見捨てられないためにも、同居親が言ってほしいこと、してほしいことを敏感に感じ取り、それを生きてしまう。その結果、過去の良好な関係からは想像もつかない馬鹿げたことを根拠に、別居親を中傷誹謗《ひぼう》するようになる。これが子どもの貢献といわれるものである。

結果として、同居親が別居親を批判すると、根拠がなくても反射的にサポートし、その根拠を問われると、「ママを信じているから」などといったことを言う。また別居親への残酷ともいえる態度や発言に対しても罪の意識がなく、借り物のシナリオに沿って別居親を非難し敵意を向ける。さらにそうした非難や敵意は、別居親の拡大家族にまで及ぶことが多いことも指摘されている。

第五章の事例５でも見たように、深刻な片親疎外の状態に陥った子どもは、父親（母親）

を「お父さん」(「お母さん」)とか「パパ」(「ママ」)と呼ばず、「太郎さん」(「花子さん」)などと、名前で呼んだり、「あの人」と呼んだりする。「お父さん」(「お母さん」)「パパ」(「ママ」)という呼びかけには、自ずと敬愛の気持ちがこもる。同居親の元で生き残るために、他方の親に対するそうした敬愛の気持ちまで切り捨ててしまっているわけである。

さらに、母親の中には、学校へ提出する書類上に、父親の名前を書かないといった行為で、父親の存在を無視するケースも報告されている。また、父親が面会交流のために子どもを迎えに来た時や、運動会を見に来た時に、子どもと父親の様子をビデオに撮ろうとする母親もいる。

子どもはやがて、こうした時、つまり父親が迎えに来る時や、父親が学校に来る時は、何か危険なことが起こる時であると信じるようになり、やがて父親と一緒に行くことを恐れたり、父親が迎えに来る度にパニックや怒りの発作を起こしたり、時には父親に唾を吐きかけたりといった抵抗を示すようになる。また、父親が出した手紙や送られた誕生日プレゼントも、幼い子どもの字で「うけとりきょひ」と書かれて送り返されてくることもよくあることだ。

しかし、こんなひどい態度をとる子どもたちではあるが、その心の奥深いところには、表現することは許されてはいないが、依然として、別居親に対する優しい、愛する気持ちがあるといわれている。

こうした、片親を排除していこうという動きは、別居・離婚後の問題が浮上し始めると同時に、子どもの症状として顕在化してくるが、遡《さかのぼ》れば、子どもの誕生後から始まっていることもまれではないといわれている。

このような状態を、ケリーとジョンストン（二〇〇一）は、片親疎外症候群（ＰＡＳ）というよりは、片親から「疎外された子ども」（Alienated Child＝ＡＣ）として焦点づけたほうが、実務上、役立つと提案している。そして、片親から疎外されている子どもの特徴として、二つあげている。

一つは、片親に対する無遠慮かつ執拗《しつよう》に不当な否定的な感情や怒り、憎しみ、拒否、あるいは恐れといった信念表明であり、二つ目は、そうした否定的な感情や信念が、子どもとその片親との実際の経験から著しくかけ離れていることである。

ケリー及びジョンストンとガードナーの主張の違いは、ケリーとジョンストンらの場合には、こうした状態が生ずる上で、プログラミングする親を必要としていない点である。つまり、親がプログラミングしない場合でも「子どもの片親からの疎外」が生ずることがあるという。

私は、ガードナーが主張するように、プログラミングする親が存在し、またこうしたプログラミングは必ずしも積極的、意識的なものである必要はなく、時には非常に微妙かつ無意識的なもので十分であると思う。

例えば、子どもが発した別居親に対する批判的な言葉やけなす言葉への、親の特別な反応の良さ、といった微妙な形であっても、子どもがプログラミングされていくには十分である。あるいは言葉には全く出さないが、別れ住む他方の親への憎しみが、養育親の細胞の一つ一つから滲《にじ》み出ているというような場合でも、子どもは敏感にそれを感じとって、自分から、親の言ってほしいこと、してほしいことを生きてしまうということも起きてくるだろう。

こうした場合には一見すると、ケリーとジョンストンが主張するように、プログラミングする親は存在していないようにみえる。しかし、こうした微妙な形、無意識的な形でのプログラミングもなしに、子どもが片親から疎外されていくという場合は、なかなか私には想像がつかない。

こうした片親からの子どもの疎外は、軽度から中度、そして重度と連続体をなしている。以下にガードナーの提案に沿って、その対応策を見ていく。しかし現実の個々のケースの深刻さの水準は、連続体上のさまざま所に位置するので、対応はケースごとに柔軟に考えていく必要がでてくる。

※4　しかし、この「片親疎外症候群」（PAS）という概念に対しては、批判もある。一つ目の批判は、ガードナーは「症候群」という言葉を使っているが、診断学上の「症候群」に該当していないという批判である。この点に関しては、児童虐待という社会問題が最初にケンプらによって一九六二年に提起されたときにも、「被殴打児症候群」（Battered Child Syndrome）という概念が用いられていた。その後、「症候群」という言葉は用いられなくなり、また虐待の形には、殴られるだけではなくて、精神的な虐待や性的虐待、そしてネグレクトという形もあるということが分かってきて、「児童虐待」と呼ばれるようになっていった。しかし、このように呼び名が変わっていったからといって、子どもに対する虐待の問題自体が否定されたことは一度もない。同じように、ガードナーの片親疎外症候群という問題提起に対して批判があるからといって、「片親疎外」あるいは片親からの「子ども疎外」の問題の存在自体が否定されているわけでは決してない。

軽度の片親疎外への対応

軽度の片親疎外の場合には、裁判所による「面会交流をするように」との判決で十分である。したがってセラピストの介入の必要もないし、ましてや養育者変更の必要もない。

中度の片親疎外への対応

中度の片親疎外に対する対応策としては、司法と心理臨床の連携なしに解決することは不可能である。また、中度の片親疎外の場合には、養育者を変更せずに、セラピストが介入していくことによって、解決していくことが可能である。しかしそうした介入が成功するためには、いくつかの条件をクリアしないといけないとして、ガードナーは次の三点を強調している。

まず一つ目は、セラピストが対象とする人は、両親および子どもにかぎらず、祖父母、再婚相手、その他の重要な他者を含む、文字どおり関係者すべてである。しかもこうした関係者すべてに対して、裁判官が治療参加を命じることが必要条件である。

二つ目は、こうした家族全員に介入していくのは、一人のセラピストであるということである。なぜなら一人のセラピストが関係者全員に会って話を聴くことによって、初めて全貌が明らかになってくるのが、この片親疎外の特徴だからだ。片親疎外を引き起こしている親にのみ個別に会ったのでは、セラピストもまた、その操作に巻き込まれるだけに終わってしまう。

三つ目は、「セラピーの過程で養育親が約束したルールを守らず、いつまでも子どもと別居親との面会交流を妨害するときには、養育者変更もありうる」という、裁判所の力を背景とする後ろ盾がなければ、介入は到底成功しない。セラピストは、セラピーの過程で、ルール違反があるときには裁判官にその旨を報告する、という「脅し」を使って強制していくことになる。その意味で、この一人のセラピストによる片親疎外家族への治療的介入は、伝統的なセラピーとは大きく様相を異にしているといえる。

深刻な片親疎外への対応

中度の片親疎外の場合には、裁判所命令を出せばそれには従うし、またセラピーの過程でルールに違反し、子どもと別居親との面会交流を妨害するようなときには、その旨を裁判官に伝えるとの「脅し」をかけると、しぶしぶなりとも従うという意味で、まだ深刻さが中度であり、セラピストが家族全体の力動に介入していくことも可能であるといえる。

しかし、裁判所命令をも無視して、子どもを片親から切断することに全エネルギーを投入するような深刻な片親疎外の病といってもよい状態にある場合には、右記のような方法も効果を生み出すことはできない。

こうした深刻な状態を呈している離婚カップルは、片親疎外状態を示しているカップルの五～一〇％ぐらいであろうといわれる。

このような片親から疎外された状態、言い換えれば片親に対する歪んだ認知から子どもを解放するためには、養育者を変える方法しかないと、ガードナーはその経験から主張する。

しかしこの養育者変更の命令が出された場合でも、その後の対応を、手順に沿って厳格に守っていかなければ、子どもたちが元養育親の元に逃げ帰ってしまったり、あるいは元養育親がストーキングしたり、頻繁に新しい養育親の元にいる子どもに電話をかけてきたりして、せっかくの試みも結局は失敗に終わってしまうことになる。

なぜなら、こうした深刻な片親疎外状態を呈している子どもたちは、少なくとも意識的には、疎外されていた親が、危害を加えるかもしれない危険で恐ろしい人物であると、固く信じているからである。

こうした結果に終わらせないためには、子どもたちを一定期間は、プログラミングしていた元養育親から切断する必要がある。また、すぐに疎外されていた親の家に直行させるのではなく、「移行期の居所」に移り住まわせる必要がある。

そうした「移行期の居所」としては、まずは制限の少ない所（例えば、疎外されていた親側の祖父母の家であるとか、あるいは友人の家など）から試み、それがうまく行かないときに、初めて制限のより強い所（例えば児童養護施設）を試み、それでもうまく行かない時には制限のさらに強い所（例えば病院）で試みる、という段階的な形が望ましいというのがガードナーの提示する方法である。

このように養育者を変更するときには、まず「移行期の居所」に子どもを移り住ませ、養育親からの影響から切り離すことによって、そのプログラミングから徐々に子どもを解放していくと同時に、疎外されてきた親との接触を逆に徐々に増やしていく必要がある。その目的は、恐ろしい、危害を加えるような人物であると思ってきた親が、実は優しい、誰よりも自分を愛してくれている人物であるとの「生きた経験」をさせていくことにある。その後に初めて、新しく養育者になった親の元で暮らすことを始めていく。

そうした生活に慣れてきた後には、モニターつきでの元養育者との接触を少しずつ始めていく。最初は短時間の電話接触から始まり、モニターつきの手紙でのコミュニケーション、その後に現養育者のモニターの元での直接的な面会交流へと進んでいく。しかし、元養育者側に、いつまでも子どもをプログラミングしようとの行動が見られるときには、面会交流を制限していく必要が出てくる。

ガードナーは、このような手順に沿っていかなければ、こうした深刻な片親疎外という病から子どもを救い出していくことは不可能であるとしている。

子どもが面会交流を嫌がる正当な理由

子どもが面会交流を拒否する正当な理由としては、ケリーとジョンストン（二〇〇一）が五つの理由を指摘している。

①幼い子どもの示す分離不安など、正常な発達過程に根ざす面会交流への抵抗。
②高葛藤離婚のはざまで感じるストレスに耐えられずに示す面会交流への抵抗。
③別居親の養育態度に対する反発から生じる、面会交流への抵抗（児童虐待などはここに該当する）。
④同居親が情緒的に弱い場合など、同居親を一人にしておくことへの不安から生じてくる面会交流への抵抗。
⑤別居親の再婚から生じてくる面会交流への抵抗。例えば、別居親あるいは再婚相手の何らかの行為が、こうした気持ちを引き起こしている場合。

こうした正当な理由に基づくときには、そのことを当事者の間で取り上げ、今後の面会交流を行う上でどのように対応していくかを考える必要がある。

5　乳幼児との面会交流のあり方

乳幼児の泊まりがけの面会は賛否両論

カリフォルニア州の離婚法は、子どもが三歳以下の乳幼児であるか、あるいは三歳以上の子どもであるかに関係なく、同じように適用される。その結果、乳幼児が母親から切り離されて、別居親である父親と一泊二日、あるいは二泊三日ぐらいの面会交流をすることも多くなってきている。

日本においても、結婚年数五年未満の離婚が増える中で、必然的に乳幼児をかかえた夫婦の離婚が増えてきており、調停においてもこうした乳幼児の面会交流の問題が生じてきている。今後、こうした乳幼児の面会交流のあり方という問題はますます関心の高いテーマとなってくると思う。

米国では、三歳以下の乳幼児の泊まりがけでの面会交流に関しては、賛否両論に考え方が分かれているのが現状である。

少し古いが、日本でも有名なゴールドスティン、フロイト・A、そしてソルニット（一九七三）らは、乳幼児が泊まりがけで別居親と面会交流することに反対していた。

また、ソロモンとジョージによってなされた研究（一九九九）は、そうしたテーマに関して、エインズワースら（一九七八）の「新奇場面法」という方法を用いて、実証的に研究しようとしたものである。

その結果、基本的には、母子分離がどのような状況の中で行われるのか、つまりその文脈が大事だという点で、後に述べるボウルビィとラターらの見解と同様の結果を得ている。

しかし、別居・離婚のプロセスで、泊まりがけの面会交流をしていた乳幼児の多くが、主たる世話人との間に安定していない愛着パターン（D型）あるいは分類できない愛着パターンをもっていたことから、「乳幼児の泊まりがけでの頻繁な面会交流は、少なくとも三歳までは慎重にすべきである」というガイドラインを提示した。

有害かどうかは、母親との分離自体よりも、分離の条件による

他方、親子間の愛着および母子分離に関する心理学的理論家であるボウルビィ（一九六九）やラター（一九七九）は、主たる世話人（多くの場合、母親）から乳幼児を分離することによって有害な結果が生じるのは、分離自体によるというよりも、分離および再会の条件によるところが大きいことを強調している。つまり主たる世話人から分離している間の社会―物理的環境が、乳幼児にとって馴染みがあり、また母親に代わって世話する人が感受性豊かで、情緒的にも応答性がある時には、赤ん坊はあまり苦悩を示さず、母親の元に戻った時にも、容易に以前の生活に戻ることができるという。

また母子分離に伴って不可避的に生じる乳幼児の苦悩や怒りに対して、母親が受容的であればあるほど、また母親が赤ん坊にとって予測可能であり、また情緒的に応答性があればあるほど、赤ん坊は安定し、こうした母子分離の結果として、母―子関係に長期にわたって悪い影響が及ぶということは少ないであろうという。

したがってボウルビィやラターらの考えによれば、泊まりがけでの父親と乳幼児との面会交流は、一概に有害であるとはいい切れないことになる。

乳幼児の泊まりがけの面会交流は、大多数の子どもに大きな恩恵を与える

ケリーとラム（二〇〇〇）は、前述したソロモンとジョージの提示した「実証的エビデンス」の実証性自体に疑問を呈しつつ、こうしたガイドラインは、幼い子どもにとって短期的および長期的な精神的・社会的・経済的資源となりうる「他方の親との関係性」を、切断す

る危険性があると痛烈に批判している。

さらに彼らは、幼い子どもの記憶のスパンの短さをも考慮するとき、幼い子どもほど両親との間をより頻繁に行き来することを必要とすると、真っ向から対立する主張をした。

また、三歳までは主たる世話人（多くの場合母親）との関係性を大事にして、泊まりがけでの頻繁な面会交流は慎重にすべきだ、とするソロモンらの考え方の基礎には、ボウルビィの初期の愛着理論における、モノトロピーという考え方があると指摘している。つまり、乳児はまず一人（多くの場合母親）との間に愛着を形成し、その後に他のすべての人との間に愛着が形成されるとする考えである。

このモノトロピーという考え方は、実証的な裏づけがないにもかかわらず、広く一般に流布している。しかし、一九七〇年代の愛着研究の結果によれば、両親揃った家庭における乳児の大多数は、たとえ父親との接触が母親との接触よりも少ない場合でも、ほぼ同じ時期に両親に対して愛着を形成することが報告されており、こうした新しい愛着理論の研究成果を取り入れていくべきであるとケリーとラムは主張するが、この点は私も全く同感である。

こうした新しい愛着理論の研究成果によれば、子どもと母親、子どもと父親との愛着は、子どもが両親と、幅広い機能的・社会的文脈において関わりをもつ時に、豊かに、かつ強く育つことが示唆されている。

　具体的に言えば、子どもと一緒に遊んだり、子どもに食事を食べさせたり、特に子どもが小さい時にはお風呂に入れたり、寝るときに本を読み聞かせたり、寝かしつけたり、あるいは夜泣きへ対応したり、また朝には、子どもを起こし、朝食を食べさせ、幼稚園や学校へと送りだしたりといった、日常生活を共にすること、また子どもがやってはいけないことをしたときには注意したり、宿題を手伝ったり、監督したりなどといった、しつけや限界設定をするなど、幅広い領域に両親が関わることによって、子どもと両親の絆はしっかりしたものへと育ち、子どもの適応も良好になっていくという。

　こうした近年の愛着理論の研究成果に基づき、ラムとケリーは、離婚後に、乳幼児が別れ住む親と泊まりがけで面会交流することは、こうした幅広い領域での関わりの機会を提供することになり、大多数の子どもたちにとっては大きな恩恵を与えるものであると主張する。

　しかし具体的な取り決めは、あくまで、裁判官や監護評定者が、個々の家族ごとに、子どもと両親の離婚前の関係性および子どもの気質等を綿密に調査した後に、どのような取り決めが子どもの福祉にとって最善であるのかを決めていく必要があると指摘している。

乳幼児の面会交流のあり方――実務における多面的分析方法の提案

離婚後の子の監護評価を専門としているスタールとグールド（二〇〇一）は、上記の対立意見を統合して、実務に用いるために多面的分析方法を提案している。そして乳幼児との面会交流のあり方について考える際に、評定者がなすべき六つのポイントを提案している。

①第一に、評価の対象となっている子どもが、泊まりがけの接触をすることができるかどうか、あるいは夜は一人の親とのみ過ごすという安定した措置を必要としているかどうかを決めることである。そのためには、これまでの子どもと両親の関係性を綿密に調べる必要がある。これに代わる方法はない。離婚前に両親が共同で養育に関わっていた場合、つまり夜に子どもを寝かしつけるのに両親が共に関わっていたような場合には、こうした養育のあり方を継続していく取り決めをすればよい。これに対して、主たる養育者が専《もっぱ》ら子どもの養育に関わってきた時には、そうした形を踏襲していくことが適切である。このような場合には徐々に、別居親が子どもとより多くの時間を過ごす方向に励ましていくのが望ましい。

②第二に、子どもと両親との愛着関係を調べる必要がある。また両親の種々の領域（昼間および夜間にわたる）におけるペアレンティング・スキルを評価して、どのような取り

決めが乳児にとって最善の取り決めであるかを理解する必要がある。

③第三に、監護評価者は、両親が子育てにおいて異なる強みと弱みをもっているということを決して忘れてはいけない。両親が一緒に暮らしている間は、多くの場合、子育てにおいても相補的な関係性がもたれていることが多い。しかし、別居・離婚によって、こうした相補性のメリットは失われることになるが、評価者は、できるだけそれぞれの親の強みが生かされるような取り決めを考えることが大事である。

④第四に、評価者は、子どもの気質を考える必要がある。子どもの気質によっては、安定性と一貫性、そして専ら一人の親と暮らすといったルーチンを必要とする場合もある。融通性がある気質の子どもの場合には、比較的容易に二つの家の間を行ったり来たりできる場合もある。もちろん、両親の昼間および夜間の親としての能力がほぼ同じであることを前提としての話ではあるが。

⑤第五に、両親間の子どもに関するコミュニケーションについて考える必要がある。両親間に高い葛藤があるために、直接話し合うことができないような場合でも、育児ノートなど、何らかの方法で、子どもについて連絡しあうことができる場合もある。子どもが病気の時に、その状態や薬について、また子どもの発達状況やぐずった時の落ち着かせ

方について、睡眠や食事のルーチン等について、両親が何らかの方法で情報を共有できる場合には、子どもの共同養育はうまくいくことが多い。したがって、両親間にコミュニケーションの問題があると思った時には、評価者はコミュニケーションの改善策を提案するのもよいことである。

⑥最後に、子どもは複数の世話人（両親および一人ないし二人の昼間の世話人）との間に複数の愛着関係を発達させる能力を潜在的にもっているので、もし両親以外に子どもを世話する人がいる場合には、その点をも考慮した取り決めを考えることがよい。例えば、両親の親としての能力が比較的に同等であり、昼間は子どもを乳母やベビーシッターが世話している場合には、こうした昼間の世話人が乳児を連れて両親の家を行ったり来たりする形で世話するならば、子どもは同じぐらいの時間を両親とうまく過ごすことができるだろう。

結論としてスタールとグールドは、実際の養育や面会交流の取り決めは、個々の家族の固有のニーズに、先行研究の成果を応用していくことであるという。また、裁判官にこうした養育や面会交流について勧告を行う際には、自らの臨床的な判断と、先行研究に基づく意見、そして哲学的立場とを峻別すべきであるともいう。また評価者は、先行研究の成果を応用するに当たっては責任があり、単に機械的に先行研究を当てはめるというようなことは決してしてはいけないとも戒め、先行研究を統合して理解した上で、評価を依頼された家族にとっての最善の取り決めは何かを考える必要があると締めくくっている。

つまり離婚後の家族にとっての重大問題である、養育や面会交流の問題を、調査・評価して裁判官に勧告をする者（日本においては家庭裁判所の調査官がこの役を担っている）は、継続的な訓練による、高い専門性の維持が必要とされるということであろう。

6 離婚後の「再婚家庭・内縁家庭」における子どもの虐待事件と面会交流

再婚家庭・内縁家庭での子どもの虐待事件

「はじめに」でも述べたが、結婚の三分の一が離婚に至るほど、離婚が多くなってきた。またこうした離婚の中で一番多いのは、結婚五年未満の乳幼児を抱えての離婚であり、全体の四割近い割合を占めている。

したがって、学齢期の子どもがいる家庭での父子家庭、母子家庭は、めずらしくなくなってきている。地域によっては。離婚家庭がクラスの三分の二もの多数を占めるというようなこともある。

また、若い層における離婚が増えてくれば、必然的に離婚歴のある女性と男性がそれぞれ子どもを抱えて再婚することも増えてきて、家族の構成もより複雑になってくる。こうした再婚家庭は、離婚家庭の研究者であるワラスティンも指摘しているところであるが、離婚に至る結婚生活と同様のもろさを抱えており、子どもが適応していく上でも困難な問題が生じやすい。

二〇〇九年五月に、離婚後の再婚家庭と内縁家庭における子どもの虐待致死事件が相次いで報道された。

一つ目は、大阪市西淀川区の小学四年生のHちゃん（九歳）の遺体が、山中の墓地から発見され、実母と内縁の継父の二人が保護責任者遺棄致死容疑で逮捕された事件である。

二つ目は、兵庫県小野市のＩ君（当時四歳）の、死後二年も経っている遺体が、冷蔵庫の中から発見され、実母と継父が死体遺棄容疑で逮捕された事件である。

以下、二つの事件を、詳しく見ていきたい。

こうした痛ましい子どもの虐待事件を取り上げる目的は、今後、このような悲惨な出来事に子どもたちが巻き込まれることを防ぐためである。そのためには、こうした子どもを救うことができなかった事件を検証して、なぜ子どもを救えなかったのか、その失敗から学んでいく必要がある。

【事例1】西淀川小四女児遺棄事件（二〇〇九年三月）

出されていたSOSのサイン

Hちゃん（九歳）の両親は二〇〇八年十一月に離婚したが、お母さん子だったHちゃんは、母親との生活を選び、母親と内縁の継父とその連れ子である長男（六歳）との生活が始まった。Hちゃんには、姉と双子の妹がおり、二人は別居親である父親と暮らしていた。

Hちゃんは、母親と継父から「たたかれた！」と度々もらしていた。また、「今のお父さんはごはんを食べさせてくれない！」とも担任教諭に話していたという。一月十六日にも顔に大きなあざを作って登校し、担任教諭に「前のお父さん（実父）の家に行ったら、お母さんと新しいお父さんに怒られてたたかれた！」と話したという。その日、担任教諭は家に電話をかけて事情を尋ねている。それに対して母親は、自分で体をぶつけてできたあざだと説明している。同小学校は虐待を疑って児童相談所への通告も検討したが、見送った。

一月までHちゃんと同居していた双子の妹も、「（継父に）げんこつでどつかれる！」と話しており、二人への暴行は頻繁に日常的に行われ、妹が実父の元へ帰った後は、暴行がHちゃんに集中した可能性が高い。司法解剖の結果によれば、脳に少量のくも膜下血腫があったと報告されているが、このような症状は、日常的に行われていた殴打の結果といってもよいであろう。

三月下旬にはベランダに閉め出されている姿も度々目撃されている。また「新しいお父さんはお酒を飲んだら豹変する。本当のお父さんのところに帰りたい」とも同級生に漏らしていたという。

また母親は、Hちゃんを継父の虐待から守ろうともせず、虐待を一緒に行っていた。こうした日常的に繰り返される虐待によって衰弱し、放置されてベランダで死を迎えた頃、実母と継父とその連れ子と友人の四人は、近くの飲食店で酒を飲みながら談笑し、継父の連れ子の入学式について話していたという。そればかりではなくて、三人はHちゃんの遺体を遺棄した翌日には、継父の連れ子の入学式に揃って出席していたのだ（以上、複数の報道から筆者が再構成したものである）。

虐待の恐れがあるときには即座に児童相談所へ通報を

両親離婚後、わずか四カ月という短期間の間に、実母と継父から虐待を受けて、幼い命を失ったHちゃん。冥福を祈る。一連の虐待のサイン、さらにSOSも出されており、その後に長期欠席があったにもかかわらず、なぜ学校は、児童相談所に通報することを見送ったのであろうか。またなぜ、担任教諭は家庭訪問をして安否確認をしなかったのであろうか。

電話で、虐待をしている可能性の高い母親に問い合わせ、「自分で体をぶつけてできたあざ」という説明を鵜呑《うの》みにするとは、虐待についての初歩的な知識をも欠いており、その責任は大きい。子どもの説明と親の説明がここまで食い違っている時には、家庭訪問をして直接本人に会っての安否確認が鉄則である。

本ケースでは、本人に会わせてもらえない可能性が高いことが大いに予測できた。しかし、そんなときこそ、「虐待の恐れあり」ということで、緊急度の高いケースとして即座に児童相談所に虐待通報をし、児童相談所も、警察の援助を得て、本人に会っての安否確認をしなければならないケースである。

こうした手順を踏んでいれば、Hちゃんの命を助けることができたであろうに、と残念でならない。

別居親との面会交流があれば防げる事件も

また、別居・離婚後も、別居親との継続的な面会交流が行われるのが大原則という社会であれば、Hちゃんから虐待の事実を告げられた父親は、すぐに児童相談所に虐待の事実を通報することができ、また通報を受けた児童相談所は、実父（あるいは実母）の元にいるHちゃんを一時保護所に預かり、聴き取り調査を行うと同時に、病院に入院させて身体の精密検査も行うことができるであろう。その結果、虐待の事実が確認出来たときには、虐待親との面会を禁止する等の措置を講じ、子どもを虐待親から守りきらねばならない。そしてこの時点で実父は、家庭裁判所に児童虐待を理由に母親から父親への親権者変更の申立を行う。このケースのように悪質な時には、母親の親権喪失申立を行い、父親を親権者に変更する必要がある。

あるいはHちゃんが、定期的な面会交流があったとしても、実父にも虐待の事実を告げることができずにおり、そのうちに実父への連絡が途絶えたような時には、面会交流が原則であるような社会であれば、実父は裁判所に面会交流を求め、家庭裁判所にHちゃんの置かれた家庭環境調査を求めることもできる。

このように、離婚後の子どもの安全と福祉を守る上でも、離婚後の子どもの共同養育と別居親との面会交流の法制化は、一日も早く実現していかねばならない。

【事例2】兵庫幼児冷蔵庫死体遺棄事件（二〇〇七年七月）

「しつけがなっていない」と虐待する継父

二〇〇九年、実母（三三）とその再婚相手である継父（三四）が、自宅の冷蔵庫に、長男Ｉ君（当時四歳）の遺体を二年近くも隠していたことが発覚した。

容疑者である継父が捜査関係者に話したところによれば、Ｉ君が死ぬ前日も、両手を縛って押し入れの中に入れたが、自分で紐をほどいてベランダに逃げて騒ぎ、近所の住民に見つかるということがあった。翌日は、また昨日のように騒がれると困ると思って手足を縛り、口に布を詰めて衣装ケースの中に入れて母親と二人で外出し、約八時間放置して死に至らしめている。Ｉ君は、衣装ケースの狭い空間で、窒息と脱水症状などを起こして死に至ったものとみられている。

捜査関係者によると、容疑者である継父は、「妻のしつけがなっていなかったので、Ｉ男を押し入れに閉じこめたり、シャワーで水を浴びせたり、洗濯機の中に入れたりした」などと供述している。継父はこのように、しつけがなってないと実母をしかり、虐待を主導したという。容疑者である実母と継父はまた、「おもらしして、言うことも聞かなかった。しつけだった」と供述している。

このように離婚後の内縁関係、あるいは再婚家庭における子どもの虐待事件が二〇〇九年に相次いで報道されたが、こうした事件は過去にも起きている。

次に取り上げるのは、私自身の脳裏にいまだに焼きつき、はっきりと思い出せる二つの事件である。一つ目は二〇〇一年八月に、兵庫県尼崎市の運河で小学一年のJ君（当時六歳）の遺体がポリ袋詰めで見つかった事件であり、二つ目は、二〇〇四年一月に発覚した、大阪府岸和田市で、当時中学三年男子が餓死寸前まで実父と内縁の継母によって放置されていた事件である。

【事例3】尼崎小一男児虐待死事件（二〇〇一年八月）

実母による強引な引き取りの結末

尼崎市の運河で、小学一年のJ君（六歳）がポリ袋詰めの遺体で発見された。死体遺棄容疑で逮捕された実母（二四歳）と義父（二四歳）は、その後の取り調べで、「粗相《そそう》をしたので四日ごろから暴行を続け、七日に死んだ」と述べている。遺体は同夜、ボストンバッグに入れて運び出し、ポリ袋に入れて運河に捨てたと供述している。

J君の遺体の解剖結果によると、J君の死因は左側頭部強打による脳内出血であるが、全身に多数の皮下出血を伴う打撲の痕があった。その後の供述から分かったことは、J君は一日から一〇日間の予定で（児童養護施設から）一時帰宅してきたこと、最初の頃は、一時帰宅できたことを喜び可愛がっていたが、「四日ごろに粗相をしたので、しつけのために殴り始めた」とのことだった。しかし暴行は次第にエスカレートし、素手や素足で殴る蹴るを繰り返し、六日朝には、J君は布団の上に横たわったまま動けなくなっていたという。

J君の両親は、J君が満一歳を迎えたときに離婚しており、その後、J君は、実父の祖母宅、つまりJ君の曾祖母宅で養育されていた。しかし、一歳の時に別れた後、五年半ぐらい経った時点（二〇〇一年一月）で、親権者であった母親は、曾祖母宅からJ君を自動車に押し込んで強引に引き取っている。ところが、それから一カ月も経たないその年の二月、実母はJ君を連れて児童相談所を訪れている。その時のJ君の様子は、「足を引きずり、顔には眼帯、あざがあった」。実母が暴力をふるったことを認めたために、J君は即日保護され、翌月には児童養護施設で暮らすことになった。

二〇〇一年一月の実母による強引な引き取りから、わずか半年余で、J君は実母と継父による虐待の末に死に至り、まるでゴミのように、ポリ袋に入れられて運河に捨てられたのだった（以上、複数の報道から筆者が再構成したものである）。

マスコミ報道に足りない視点

この痛ましい事件に対してのマスコミ報道の視点は、私が目にしたかぎり、①外泊許可を出した児童養護施設の、児童相談所との連携の欠如を批判する視点、また②外泊許可の根拠の甘さ、虐待についての認識の甘さを批判する視点、そして③親子再統合に向けての虐待親への介入のなさを批判する視点に尽きる。

離婚後にJ君を監護者として引き取った実父とJ君との関係性について、また満一歳という幼い子どもをなぜ母親が親権者であるにもかかわらず置いて離婚に至っているのかの事情、J君が生まれた後、離婚までの一年間の母親との関係性について（虐待の可能性も大いにある）、また一歳から五歳半ぐらいまでJ君にとって主たる養育者であった曾祖母と突然に切り離された後、実父をはじめ曾祖母たちはJ君を守るためにどのように動いたのか、母親が強引に引き取った後、曾祖母と実父はJ君と面会交流があったのかどうか、そのあたりに対する関心がマスコミ関係者にないために、こうした情報を得ることができない。

ただ、当時のマスコミ報道（朝日新聞）の中に記載されていた情報で、私の記憶に残っている点は、曾祖母はJ君を可愛がって育ててきており、したがって母親に引き取られた当初、J君は母親になつかず、それが母親の怒りを引き起こして虐待に至り、二月に児童相談所に母親自身がSOSを求めて来談するに至ったというようなことである。

このJ君の反応はあまりにも当然の反応であり、児童相談所に相談し、育てていく自信がないからと児童養護施設に預けるのであれば、曾祖母の元に戻してやればよいのにと思ったことを覚えている。

「可愛がりたいとの思い」だけでは難しいケースも

現在、離婚後の両親の争いのなかで、誰を親権者や監護者にすることが「子どもの福祉」に適うのかを決める際に、「監護の継続性」という基準が非常に大事にされる。また、こうした視点は裁判所をはじめ、心理学者の間でも共有されている。

こうした監護の継続性の視点から考えるとき、本ケースは、①実母とは生後一歳から五年半もの長い断絶がある。しかも、②満一歳までの母子関係に関して全く情報がない。また③実母は再婚し、再婚相手との間に生まれた二歳の弟がいる。また④一歳から五歳半まで育ってきた家庭環境内の一次愛着対象である曾祖母（実父との関係は全く分からないので触れないが）との関係が急に断絶されてしまっている、というような悪条件が揃っている。こうした悪条件が揃っていることを考えれば、その後の虐待という展開は容易に予測がつくほど、実母によるJ君の引き取りは「子どもの安全と福祉」にとって危険性が高いものであったといえる。

したがって、このようなケースにおいてこそ、人身保護請求によってJ君を曾祖母の監護の元に戻し、J君と母親との関係性、そして絆を形成していくために、第三者（曾祖母の家でもよいと思う）のいる所での頻繁な面会交流を行っていくというような慎重な対応が望まれる。そしてJ君と実母との間に愛着関係が育ち、絆が結ばれてくれれば、母親もJ君に対して「可愛がりたいとの思い」だけではなくて、「可愛いとの実感」が育ってくるであろう。そうして初めて、第三者の立ち会いなしでの面会交流へと移行していくというようなステップを経る必要があった。

【事例4】岸和田中学生虐待事件（二〇〇四年一月）

祖父母宅から実父に引き取られ、始まった虐待

虐待被害者である長男の両親は、結婚六年目頃に離婚に至っている。離婚後は、父親が長男と二男の親権者となるが、父方祖父母が引き取り育てていた。しかし三年後ぐらいに、父親は子連れの女性と一緒に暮らすようになり、子ども二人も祖父母の元から呼び戻し、五人での生活が始まった。

しかし、父親と内縁の継母は、二〇〇二年六月頃から、しつけと称して長男と二男に暴行を加えたり、食事を数日間とらせないなどの虐待を繰り返した。この頃、兄弟は何度か、以前育ててくれていた父方祖父母のところに逃げているが、その度に父親が迎えに来て連れ戻され、虐待がエスカレートしていった。

やがて同年一〇月頃から、長男と二男の二人は不登校になる。その間、学校の対応としては、担任教諭は週に二、三回、長男の家を訪問していたが、継母が、子どもたちに会わせようとはしなかった。また生徒指導の教諭が岸和田の児童相談所に虐待通報をしているが、この際は、職員が、継母の「元気で歩いている」との言葉を信じて、調査を中止している。

二男は、こうした虐待に我慢できずに、虐待が始まってから約一年後の二〇〇三年六月に

実母の元に逃げている。その後、実母は弁護士を通じて、長男の親権を取り戻すために実父と交渉中に、今回の事件が発覚したのだった。

実父と継母は、長男が二〇〇三年九月には自力で食事をとることが出来なくなったことを認識したが、虐待発覚を恐れ、放置して死亡させようと共謀した。二〇〇三年十一月、長男が衰弱死したと誤解し救急車を呼ぶまで、長男を放置し、昏睡や脳萎縮などの傷害を負わせたとして逮捕された。

長男は六帖の部屋に軟禁されていたが、その窓は頑丈に目張りされていて、外からは何も見えない状態であった。また、長男は自分では歩けないほど衰弱し、ブルーシートの上に寝かされていた。一応、掛け布団は与えられてはいたが、トイレの行き来も制限され、排泄物はブルーシートの上に垂れ流しであった。

大阪府警察は、二〇〇四年一月二五日に、殺人未遂罪で、実父と内縁の継母を逮捕した。父親は、暴行については、「しつけの範囲を超えていた」としながら、食事を与えなかったことについては「長男が食べなかった」と供述する。継母も「長男が学校のいじめに悩んで家に引きこもるようになり、食事を取らなくなった」と、いずれも容疑を否認した。また、トラック運転手で、早朝から夜遅くまで仕事で家を空けていた父親よりも、家にいる継母のほうが虐待に深く関わっていたとみて調べている。

保護された時、長男は身長一五五センチに対し、体重が二四キロと、餓死寸前にまで追い込まれていた。両親は殺人未遂罪に問われ、父、継母の両被告に、懲役十四年の実刑判決が言い渡された。

事件直後、長男は意識不明の状態が続いたが、治療の結果、辛うじて意識を回復し、簡単な会話ができる程度には回復した。しかし、知能は著しく低下し、身体的障害も後遺症として残った（以上、複数の報道から筆者が再構成したものである）。

実母による親権者変更の交渉もむなしく

このケースに関しては、生徒指導の教諭が児童相談所に虐待通告をしているにもかかわらず、児童相談所の職員が、電話で親に問い合わせただけで、本人の顔を見ての安否確認が行われなかった点が、一番大きな基本的なミスを犯していると思う。虐待があると思っているケースで、長く本人の顔を見ていないという時には、子どもを守るための鉄則は、何度も繰り返すが、「本人の顔を見ての安否確認」である。

この時点で、家まで出向き、本人に会わせてほしいと要求し、会わせてくれないときには、警察官をも同行して強制調査するとの毅然とした姿勢を取っていくことが、今後、こうした悲惨な虐待から子どもを守っていくためには、どうしても必要である。

親権者変更よりも先に虐待通告を、そして本人の顔を見ての安否確認を

二男が実母の元に逃げたのが二〇〇三年六月である。長男が自分で食事もとれなくなったのが同年九月であり、衰弱死したと思って実父と継母が救急車を呼んだのが、翌年一月である。実母が二男の口から虐待の事実を聞かされてから、半年以上の月日が経過している。

二男から虐待の事実を知らされた母親は、弁護士を立てて親権者変更の交渉を父親にしていたというが、親権者変更交渉ではなくて、即刻、児童相談所に虐待通告をして、長男を一時保護してもらう方向に動くべきであった。

つまり事例1のHちゃんのケースでも触れたが、虐待の事実があるときには、親権者変更手続きを取る前に、まずは児童相談所に虐待通報して、子どもを虐待親から切り離し保護すると同時に、病院に入院させて精密検査を受け、虐待の証拠を集める必要がある。

その後に、虐待親の親権剥奪をも含めて、親権者変更を求めればよい。これが児童虐待の絡んだケースにおける、親権者変更の手続きの鉄則であると思う。

離婚後に子どもの親権者になった親が再婚した時には、悪条件（その一つは孤立化である）が揃うと、子どもが虐待される危険性は離婚前よりもはるかに高くなる。それだけに、再婚家庭、内縁家庭が孤立化していくことを防ぐためにも、子どものもう一人の親との接触を残す必要がある。

しかし現実には、前にみてきたように、離婚後に親権者になった親が再婚し、別居親と子どもの接触に反対すると、別居親からの子どもとの面会交流の申立は却下されてしまうことが多い。

右記のような、社会から孤立した密室の中で行われる、悲惨極まりない虐待から子どもを守っていくためにも、親の再婚の有無にかかわらず、子どもには両親との接触を保証していく、という制度を確立していくことが急務である。

第七章　葛藤を超えて離婚を成功させるには

別れた夫婦が、葛藤を抱えながらも、互いに親として子どもに責任をもって関わっていくためには、さまざまなサポートが必要とされる。この章では、離婚後の両親間の葛藤が高い時に、子どもへのマイナスの影響をできるだけ少なくしながら、両親と子どもが交流を続けていくためには、そして親も子も、離婚によって目指した幸せに近づいていくためには、どのようにしたらよいのかを、米国や韓国での例に学びながら、探ってみたい。

1　養育計画と養育費の取り決めを義務づける——法改正で子どもへの責任を明確に

米国では、夫婦が離婚しても、親としての機能は共同で果たすことが大原則となっている。また、離婚する夫婦の九割ぐらいは、争いのない協議離婚であり、離婚前の夫婦が、離婚後の子どもの養育計画や養育費の取り決めをして裁判所に提出し、裁判官がこれを認めれば承認印を押し、正式に離婚が成立する。問題があると思うときには、当事者と話し合い、変更をすることも必要になってくる。

日本でも、同じように九割近くの離婚が協議離婚である。しかし米国の場合と異なって、親権者のみを決めて、役所に提出すれば、離婚が成立する。日本の協議離婚の場合には、離婚後に両親が親として子どもにどのように責任をもって関わっていくのかの取り決めをしなくても、離婚が認められるわけである。これはあまりにも安易であり、子どもに対して無責任きわまりない制度であるといえる。

韓国でも、二〇〇七年に民法が改正されて、未成年の子どもがいる夫婦が離婚を考えているときには、まず、①裁判所のガイダンスと親教育プログラムを受けること、②三カ月間の熟慮期間をおくこと、その後に、やはり離婚をする場合には、③誰を親権者にするのか（共同親権と単独親権の選択肢がある）、誰を養育親にするのか（共同養育と単独養育の選択肢がある）、また養育費は誰がいくら、どのような方法で支払うのか、そして面会交流はどの程度行っていくのか、などについての取り決めを、離婚協議書として家庭裁判所に提出することが必要になった。

子どもを抱えての離婚が急増している日本でも、未成年の子どものいる夫婦が離婚を考えている場合には、協議離婚の場合でも、養育計画と養育費の取り決めを義務づけていくことが今後の課題といえる。

そのためには、現状に合わなくなっている法律を変えていく必要がある。

2　離婚調停の前に養育計画の作成を宿題にする

離婚前に、子どもの視点から養育計画を考える

米国では、離婚に関しては「破綻主義」がとられている。そのため、夫婦のどちらか一方が離婚を求めれば離婚が認められるので、離婚自体が争われることはない。

しかし、夫婦間の葛藤が高いと、離婚後の子どもの養育計画に関して、合意に達することができない。離婚が最終的に認められるためには、養育計画と養育費の取り決めがしっかりとなされていないとだめである。

私設の離婚調停を利用してもよいが、そこでも合意に達することができない場合には、いきなり裁判で決めてもらうことはできず、必ず裁判所の離婚調停を経る必要がある。つまり、単独養育にするのか共同養育にするのかといった問題と、単独養育を選んだ場合の面会交流の問題に関して、合意に達することができない場合には、その点のみに焦点づけて離婚調停が行われる。

こうした調停は原則として一回で終わり、部分的合意に達した場合には、合意に達しなかった争点のみを裁判官が審理するという手続き上の流れが最も普通である。しかし、最近は、養育費の問題も、離婚調停で一緒に扱うことが増えてきている。また、さらに一〜二回調停を行えば合意に達しそうであると調停者が判断し、当事者双方もそれを望む場合には、二〜三回の調停が行われることもある。

米国では州によって制度がかなり異なり、この調停前置主義をとらない州もあるようであるが、カリフォルニア州ではこのような調停前置主義が一九八〇年代からとられている。

このように、日本と比べて、米国での裁判所での離婚調停回数は非常に少ない。回数を少なくするために役立っている制度として、調停に参加する前の裁判所提供のオリエンテーション参加の義務化と、教育プログラム受講があると考える。

私が傍聴したカリフォルニア州サンフランシスコ郡の裁判所でのオリエンテーションにおいては、初回の調停期日までに、宿題として養育計画を作成してくることが求められていた。つまり、離婚後に両親がどのような形で子どもに関わっていくことが、我が子の福祉に最も適っていると考えるのかを、それぞれの親が初回の調停期日までに考えてくることが求められるのだ。こうして別個に考えてきた養育計画を叩き台として、調停の期日に、原則として両当事者同席で、中立的な調停者一人を介在させて、話し合いがもたれることになる。

日本の調停でも、話し合いに入る前に、離婚後に両親が子どもとどのように関わっていくことを子どもは望んでいると思うかを考えてきてもらうことは、一度立ち止まって子どもの視点から離婚を考えてみるという点で、大きな意味があると思う。

米国の離婚調停、日本の離婚調停

前述したように米国では、裁判所での離婚調停は原則一回で、多くても三回ぐらいで終結する。しかし両親間の葛藤が高い場合には、一回～三回の調停ではとても合意に達することはできない。このような場合には、裁判所命令によって、裁判所外のカウンセラーや私設調停者に委託されることもある。

この点、日本では、離婚調停で、子どもの問題のみならず離婚の問題も扱うために、時には一年余にわたり、一〇回以上の調停が行われるということもまれではなく、またその間に、調査官の関与による家庭環境調査や子どもとの面接調査も行われる。こうしたサービスは無料で提供される。カリフォルニア州の裁判所で私がインタビューした調停者は、日本の制度を評して、「ずいぶん贅沢な制度ですね」とコメントしていた。

つまり、カリフォルニア州では、本人負担で裁判外に委託されている私設の調停やカウンセリングの部分が、日本では税金でまかなわれているからである。

また日本でも、子どもの意思の確認のために、親子同席調停や親子合同調査のメリットを指摘する調査官や民法学者などがいるが、米国の裁判所命令による裁判所外のカウンセリングや私設離婚調停への委託の場合は、両親とともに子どもの参加も義務づけられている。

こうした裁判所命令により委託される高葛藤離婚ケースの三分の二ぐらいは、そもそも葛藤が高いために、子どもの問題に関し合意に達することができなかったケースであり、残りの三分の一ぐらいは、すでに合意が成立して離婚が成立しているにもかかわらず、その後の事情変更により、子どもに関する養育方法や面会交流の取り決めの修正を裁判所に求めてきたケースである。

一般に、合意に達した後に修正を求める後者のほうが、高葛藤であるといわれている。なぜなら、離婚後にはいくらでも事情変更は起きてくるわけであるが、こうした場合に、普通は、裁判所の介入を求めることなく、自分たちで取り決めを柔軟に変更していくものだ。そうでないと、些細な事情変更や決定しなくてはいけないことが生じるたびに、何度も裁判所に戻ってくることになってしまう。こうしたいつまでも争い続ける元夫婦の中には、強い両価的和解幻想を抱いている人も多いといわれている。

日本でも、調査官による家庭環境調査に対して、当事者は、親として否定的な評価をされるのではないか、他方の親のほうが良い評価を得るのではないか、あるいは妥協を強いられるのではないか、といったさまざまな疑心暗鬼の気持ちを強めることが報告されている。

ましてや米国の場合のように、裁判所命令によるカウンセリング受講や私設の離婚調停の場合には、強制であるから、カウンセリングや調停に対する抵抗はより強くなる可能性が高く、その点で、カウンセラーや調停者はより一層その力量を試されることになる。

法律を変えることで、人々の意識と行動が変わる

ムヌーキンとコーンハウザー（一九七九）は、「法律自体が大事なのではない。法律の真

のインパクトを決めるのは、法律の影の中で私的な交渉をする際に親に与える法律の影響である」と指摘している。つまり、私的な交渉の際に、もし裁判で争えばどのような決定が下されるのかを配慮して、人は行動するものであり、そうした影響のほうがはるかに大きなインパクトをもっているということである。

現在の日本では、離婚後に単独親権の選択肢しかない。こうした法律の影の中にある離婚当事者たちは、親権を武器として戦うことになる。つまり、離婚を望まない側は、時には親権を争うことによって離婚を思いとどまらせようとしたり、時には相手を罰し、復讐するために親権を奪い、子どもとの面会交流をも拒絶するということも起きてくる。また監護（養育）の継続性が調停や裁判で重視される傾向があれば、別居時点で子どもを自分の手元に置こうとの動機づけが高まり、結果として別居の際に片親の同意なしに子どもを連れて家を出るということが増えるということになる。

オレゴン州では、一九九七年に「ビジテーション」という言葉のかわりに「ペアレンティング・タイム」、「カスタディ（監護）」という言葉の代わりに「母親（父親）と暮らす」、そして「権利」の代わりに「責任」という言葉を使う成文法を通過させた。このような法律用語の改正は、これまでとは非常に異なる法律の影を作り出し、そのことがまた元夫婦間の交渉に深い影響を与えることになる。

このように、法律の言葉を変えるだけでも、親と子どもの関係性に大きな影響を与えるわけである。第五章でみてきた、高葛藤離婚におけるいくつかの典型的な事例もまた、我が国の法律の影の下で起きている事象である。離婚後も原則として、両親は共同で子どもの養育に関わっていく責任があるという方向に法律を改正することによって、離婚後の人々の意識と行動も必然的に変わってくるといえる。

3　それぞれの親による「並行養育」を

米国では、離婚後も非常に葛藤が高い元夫婦は、離婚者全体の五%ぐらいであるといわれており、その他の離婚当事者たちは、裁判所の力を借りずに、何とか自分たちで離婚後の子育てをしている。だがこの五%の人たちが、いつまでも些細なことで争い続け、その結果、裁判所のエネルギーの九〇%近くがこうした高葛藤離婚家族への対応に使われているとも指摘されている。こうした両親間の争いに巻き込まれている子どもたちが受ける弊害は計り知れないものがある。

現在の日本においては、こうした高葛藤離婚ケースの場合には、その対立を克服して協力し合う関係が期待できないような時には、子の福祉の視点からいって、少なくとも直接的な面会交流は控えたほうがよいとするスタンスが裁判所によってとられることが多い。

前述したように米国では、子どもの福祉に反しないかぎり、別居親には子どもと面会交流することが法律上の権利として与えられている。こうした別居親の権利は、単に両親間の葛藤が高く協力関係を期待できないという理由だけでは、制限することができない。

しかし、子どもを両親間の葛藤の板挟みにすることの弊害が非常に大きいことも認識されているので、こうした場合の対応策として提案されていることの一つに、「並行養育」という考え方がある。

これは幼い子どもの遊びに見られる「並行遊び」をもじったものである。つまり一緒に並んで遊んでいながら、お互いにはほとんど関わることなく、自分の遊びに夢中になっている状態である。こうした並行遊びと同じように、並行養育の目的も、それぞれの親が自分の果たすべき子育ての責任を、それぞれにしっかりと果たしていくようにすることである。

このような並行養育を成功させていくためには、後述するペアレンティング・コーディネーターや裁判所の協力も得つつ、それぞれの親が子どものために果たさなければならない責任を特定する必要が出てくる。またコミュニケーションの手段も、ファックスやEメールを用いて、できるだけ直接的な接触をしないようにしていく必要がある。

4 「教育プログラム」を充実させる――成長の契機に

韓国でも義務化された「親教育プログラム」

日本でも、親教育プログラムの必要性に対する認識は高まってきており、大阪家庭裁判所でも、離婚する親への父母教育プログラムが一九九九年から試行され、その結果が報告されている（二〇〇三）。しかし、まだまだ親教育プログラムの利用は少ないのが現状である。

米国でも、裁判所関連の親教育プログラムへの関心は、一九九〇年頃から高まりだし、今もその傾向が続いている。

全米にわたる裁判所関連の親教育プログラムに関する、二度にわたる調査結果によれば、一九九四年には五四一郡においてこうしたプログラムが実施されていたが、一九九八年になると、一五一六郡と、その数は三倍近くにも増えている。

また州によっては、未成年の子どもがいて離婚を考えているすべての夫婦に、親教育プログラム参加を義務づけているところもある。しかし、このような州はまだ少数派であり、一般には、子の監護や面会交流の問題で争っている夫婦に対して、義務づけられているところが多い。

前述したように、韓国では、二〇〇七年の法改正によって、未成年の子どもがいて離婚を考えているすべての夫婦に、離婚協議書を提出する前に、親教育プログラム受講が義務づけられるようになった。こうした法改正の背後には、離婚の急増に対する危機感と、子どもに与える影響に対する懸念の気持ちがある。

始まったさまざまな試み

米国の親教育プログラムには、裁判所が提供するプログラムと、コミュニティーの種々のサービス・プロバイダーが提供するものとの二種類がある。一九九八年になると、コミュニティーが提供するプログラムを利用する割合が八二%にも増えている。

コミュニティーの中でこうした教育プログラムのサービスを提供している人たちは、ソーシャル・ワーカー、カウンセラー、マリッジ・カウンセラー、ファミリー・セラピスト、心理学者、私設調停者、裁判所職員、弁護士、教師といった多職種の人たちである。プログラムによって、プロバイダーになるための最低基準が決められている場合と、決められていない場合がある。

こうしたプログラムの大多数は離婚後の親を対象としているが、三分の一以上が、既婚・未婚を問わず、子どもに関する問題で訴訟している親を対象としている。

前述したが、日本でも大阪家庭裁判所の調査官グループが、一九九九年七月から、面会交流が争点となる事件を解決に導くための工夫として、「父母教育プログラム」の検討を進め、面会交流を実施していく上での留意事項等を解説した「面接交渉のしおり」を作成し、さらにこれを視聴覚教材として発展させたガイダンス・ビデオを試作した。

このようなしおりやガイダンス・ビデオを用いて、子の監護等に関する法的知識や、父母の紛争のはざまに置かれた子どもの心理について解説し、さらに、ガイダンス・ビデオ等の内容を踏まえながら、調査官が必要な助言を行うことで、望ましい面会交流のあり方についての現実的な検討ができるようにするためのプロセスを総称して、「父母教育プログラム」と呼んでいる。調停の前に、あるいは一方が待っている時間帯に、あるいは調停の流れを見て適当な時期になど、どの時点で親教育プログラムに参加してもらうことが最も効果的であるのかを確かめるために、いろいろ試みられている。

米国の場合には、参加の時期に関しては、州や郡によって違いが見られたが、七〇%以上の場合が調停前の参加であった。未婚で子どもの監護や面会交流あるいは養育費について争っている親の場合には、訴訟提起後が最も多かった。両親一緒の参加か個別参加かに関しては、本人たちの選択にまかせるというのが最も多かった。非常にわずかながら両親一緒の参加を求める場合もあることが報告されている。もちろん、接近禁止命令などが申請されている時には、個別参加となる。

プログラムの運営費は、七割ぐらいが参加費によってまかなわれていた。

安全にも配慮されたプログラム

プログラムの長さは一時間から三六時間までと幅があった。一般に、裁判所提供のプログラムは平均二時間であるのに対して、コミュニティー・プログラムは平均四時間ほどである。一時間のプログラムは、典型的には、裁判所に来てもらって個別にあるいは予定された時にグループでビデオを見てもらうというものである。また回数に関しては、最も多いのが一回であった。

プログラムが提供されている頻度は、月一回が最も多かった。ちなみに韓国のソウル家庭裁判所では、毎日午前と午後の二回、三〇分程度ではあるが提供されているとのことだった。一般に裁判所プログラムよりも、コミュニティー・プログラムのほうが、提供される回数が多かった。開催場所としては、裁判所が最も多く、次にカウンセリング・センターが続き、その他としては図書館、学校、教会、病院、コミュニティー・センター、弁護士事務所などと多様であった。

安全に対する配慮としては、裁判所や病院といった安全な場所で開くようにしたり、中には警察や司法関係者と契約して、プログラム中だけではなくて、その前後にも待機してもらうなど積極的対応をしているプログラムもある。

目標と内容——離婚の子どもへの影響や、共同養育のスキルを学ぶ

親教育の目的として最も多いのは、図7—1に見られるように、離婚の子どもに与える影響についての知識を増やすことであり、次に子どもを葛藤に晒すことを減らすこと、両親間のコミュニケーションを増やすこと、子どもの離婚への適応を促すこと、養育スキルを改善すること、両親の離婚への適応を促すこと、子どもの行動上の問題を防ぐこと、裁判所への申立を減らすことと続き、最後に裁判所手続きについての理解を増やすこととなっている。

図7-1　親教育プログラムの目標

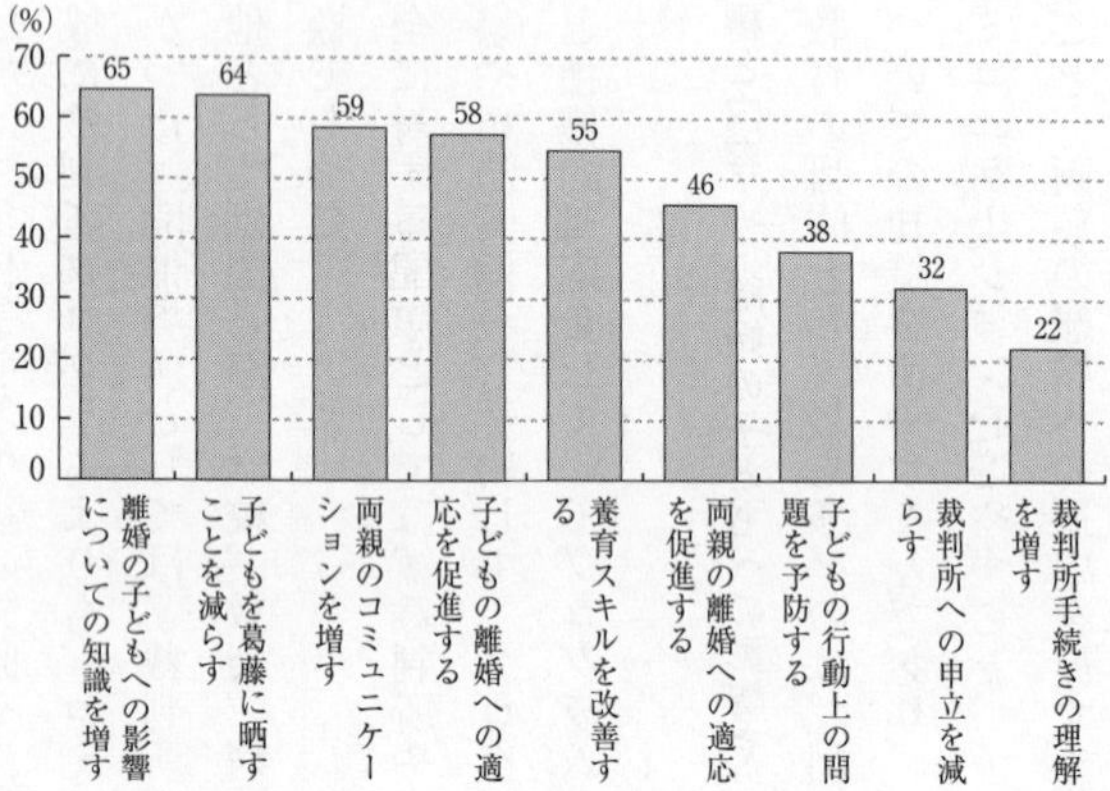

出所：Geasler,M.J.& Blaisure, K.R.(1999) 1998 Nationwide survey of court-connected divorce education programs. *Family & Conciliation Courts Review,* 37(1), p51より引用

プログラムの内容として最も多いのは、図7―2に見られるように、離婚への子どもの反応と適応についてである。続いて、離婚に対する子どもの反応に応答すること、離婚の段階（大人）について、共同養育におけるコミュニケーション・スキルについて、離婚に対する親の反応と適応について、協力的および並行養育について、サービスおよび資源への委託、監護および面会交流、養育計画となっている。

カリキュラム形式で多かったのは、講義やビデオ鑑賞、そして資料配布などの受動的形式のものであったが、大グループでのディスカッション、自己査定ツールの使用、小グループでのディスカッション、ワークブック使

図7-2　プログラムの内容領域と時間

内容領域	平均時間（分）
子どもたちの離婚への反応と適応	40.6
離婚に対する子どもたちの反応への応答	33.6
離婚の段階（大人）	23.2
共同養育におけるコミュニケーション・スキル	23.0
離婚に対する親の反応と適応	24.7
協力的および並行養育について	26.3
サービスおよび資源への委託	13.1
監護および面会交流	21.3
養育計画	19.7

出所：Geasler,M.J.& Blaisure, K.R.(1999)　1998 Nationwide survey of court-connected divorce education programs. *Family & Conciliation Courts Review*, 37(1), p51より引用

用、ロールプレイ使用などの能動的形式も、かなり用いられていた（図7—3参照）。

またその他の方法として、自己認識活動や、スキル練習なども用いられていた。

両親間のコミュニケーションを増やしたり、養育の仕方や共同で養育していくためのスキル向上などは、親教育プログラムの五大目標の中に入っているにもかかわらず、そうした目標を目指して現実に両親を積極的にプログラムに参加させていたのは、プログラムの半分以下であった。

最近の研究も、教育プログラムが効果を発揮する上で、こうした積極的なスキル向上に向けてのトレーニングの果たす重要性を指摘している。今後の課題はこのあたりにあると

図7-3　親教育プログラムの形式（受動的 or 能動的）

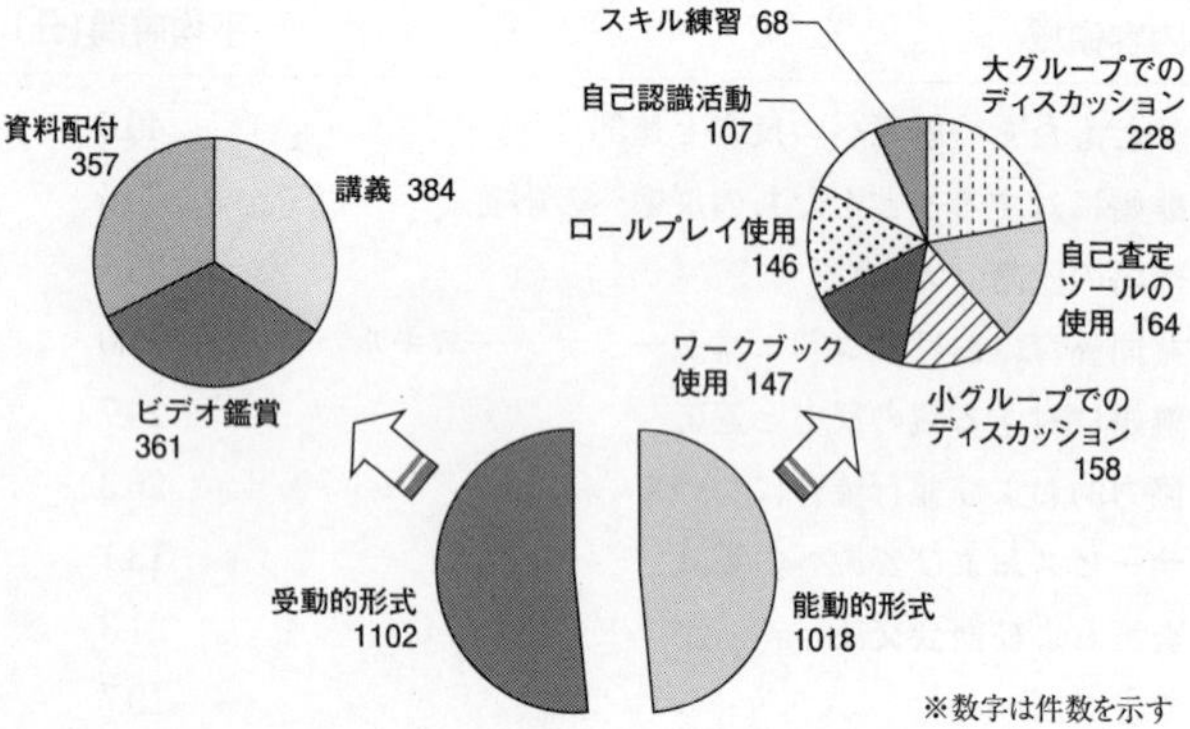

※数字は件数を示す

出所：Geasler,M.J.& Blaisure, K.R.（1999） 1998 Nationwide survey of court-connected divorce education programs. *Family & Conciliation Courts Review*, 37（1）より引用。図は筆者が作成

思う。

教育プログラムの長さ、参加費用、プログラム提示者の資格、同席参加あるいは個別参加、評価の仕方といった基準については、明記されているのは、全体の二分の一以下であった。一般に、参加が義務づけられているプログラムのほうが、こうした基準が明記されていることが多かった。

裁判所によるその他のサービス

裁判所で親教育プログラムを提供している場合には、その九〇%が離婚調停サービスも提供していたのに対して、裁判所がコミュニティーのプロバイダーが提供する親教育プログラムを利用している場合には、離婚調停サ

図7-4　裁判所によって提供されているサービス

裁判所サービス	裁判所・プログラム	コミュニティー・プログラム	計（件数）
子どもの監護の判定、調査および家庭環境調査	50	173	223
心理判定	30	113	143
監督つき面会交流	25	109	134
監督つき子どもの受け渡し	18	90	108
親教育：家庭における虐待について	17	85	102
子どもの養育援助	21	78	99
ファミリー・セラピー	14	77	91
裁判所手続きへのオリエンテーション	34	44	78
高葛藤を抱える親への教育	21	54	75
親教育：物質濫用について	11	55	66
円満解決カウンセリング	13	40	53
継親への教育	8	31	39
少年犯罪者の親への教育	7	31	38
合意した養育費不払いの親への教育	7	22	29
継続した親サポート・グループ	4	25	29

出所：Geasler,M.J.& Blaisure, K.R.(1999)　1998 Nationwide survey of court-connected divorce education programs. *Family & Conciliation Courts Review,* 37(1), p54より引用

ービスもコミュニティー・プロバイダーが提供するものを利用していることが多かった。コミュニティーの親教育プログラム提供者の七七％が離婚調停サービスも提供していた。

子どもに対する教育プログラムを持っているのは、本研究対象郡の二一％にすぎなかった。こうした子どもに対するプログラムがあるか否かは、裁判所プログラムかコミュニティー・プログラムか、あるいは参加が義務であるか否かとは有意な関連はなかった。

最後に、裁判所によってどのようなサービスが提供されているかを図7―4で示す。ここからも、裁判所が近年はコミュニティー・プログラムを積極的に利用するようになってきていることが見て取れる。

ワーク・ショップ（「葛藤を超える両親」）に参加してみた

二〇〇三年に、ロサンゼルス郡の家庭裁判所で、離婚後に両親が子の監護を争う事件を傍聴したが、その際に裁判官が両親に向かってまず発した言葉は、「最良の親は両親である」というものであった。

しかし同時に、元夫婦間の葛藤が非常に高い時に、そのはざまに子どもを立たせることは、子どもにとって発達阻害的な影響となることについての認識も十分にある。その結果、今米国では、こうした高葛藤カップルへの介入にエネルギーを集中させている。

これまでみてきた教育プログラムも、またこのような試みの一つである。ロサンゼルス郡の「チルドレンズ・コート」の中では、「葛藤を超える両親」と呼ばれるワーク・ショップが、毎週、開かれていた。そこには、怒りに満ちた離婚当事者たちが集まっていると、そのグループでファシリテーター役を務める裁判所のベテランの調停者から、事前に説明を受けていた。

ところが実際に部屋に入り、私が参加者たち（一〇人から一五人ぐらいだったと記憶している）に、参加動機を含めて自己紹介し、同席の許可を求めると、皆、実ににこやかに快諾してくれた。

私が語った自己紹介は、ほぼ以下のようなものだった。私が日本からやってきたこと、「離婚と子ども」のテーマを長く研究していること、今回は、離婚後の両親間の葛藤が高い時に、子どもへのマイナスの影響をできるだけ少なくして別居親と子どもとの間で面会交流を続けていくためには、どのような方策をとったらよいのかに焦点づけて調査していること、このワーク・ショップがそうした目的に向けた取り組みの一つであると聞いたので、是非とも参加させてもらって、皆さんの取り組みから多くのことを学びたいこと、などであった。

このワーク・ショップには、子の監護について争って、裁判所に何度も戻ってくる高葛藤カップルたちが、裁判所命令で参加している。一回二時間のセッションに、毎週、計五回、参加することが義務づけられている。

平均五カップルから八カップルで構成されており、理由なく一回でも休めば、もう一度最初から受けなおさねばならないというようにかなり厳しいものである。また、一緒に暮らしている「重要な他者」（たとえば、一緒に暮らしている彼氏や彼女、あるいは再婚相手など）も、争っている当事者が同意するならば、参加することができる。教材もあり、家で宿題として読んでくることが義務づけられている。

プログラム参加のために、メンバーが守らなければならない五つのルールがある。①グループ・メンバーは、互いに敬意をもって話さねばならない。②他のメンバーが話すことを互いに注意深く聴かねばならず、また途中で話を遮ってはならない。③グループ・メンバーは、「私」メッセージを用い、「あなた」メッセージは用いてはならない。④グループ・メンバーは、他方の親や、その他の重要な他者や関係している人のことを、誹謗中傷してはいけない。⑤グループ・メンバーは、これらの礼儀を、グループ・ミーティングとミーティングの間も継続しなければならない。

一人だとごまかしてしまう「都合の悪いこと」に、皆で向き合う

私が参加させてもらったのは、五回のセッションのうちの第一回目であった。

まず「子どもを絶縁するな（Don't divorce your children.）」や「苦痛ゲーム」というビデオの鑑賞をする。両親の闘いのはざまに立たされた子どもの気持ちへの共感を高めるために、ビデオの重要な場面、場面で、ビデオを止めて、ビデオの中の親や子どもの反応についてどう思うかを、話し合っていく。

ビデオ鑑賞後の自由な話し合いの中では、ベテラン調停員がファシリテーターの役割をとりつつ、参加者が経験した種々のエピソードを語り合う。

そうした語りの中で、気をつけていくことは、「私」メッセージで語ってもらうことである。例えば、「私は、どうして元夫(妻)に対していつまでもこんなにも強い怒りを感じ続けているのだろうか?」とか「私は、こんな時に元夫(妻)に強い怒りを感じる」とかいう形で語ってもらうのである。こうした「私」メッセージは、問題であると思われるエピソードを、語り手の感情に焦点づけることによって、何が問題なのかを明らかにしていくのに役立つ。

ところが、「あなた」メッセージの形でエピソードを語っていくと、例えば、「あなた（夫）は、私を愛していると言っておきながら、外で実は遊んでいた」「あなた（夫）は私たちには節約を強いていたのに、自分は外で無駄遣いをして楽しんでいた」などといった語り口になり、相手に対する非難と攻撃に焦点づけることになる。つまり「何が問題なのか」ではなくて、「誰が悪いのか」ということに焦点づけられてしまう。

他の参加者も自由に質問し、グループ・メンバーそれぞれが自分を振り返りつつ、いろいろな具体的な状況やエピソードを語り合う。また「そうした怒りに子どもを晒し続けることが、子どもにどんな影響を与えていると思いますか」といった問いかけを、ファシリテーターに投げかけられ、反応していく。

自分一人でいれば、こうした問いかけをすること自体を避けて、都合の悪いことは考えずにすませることもできるだろうが、こうしたグループの中での話し合いであると、一人が答えられなくても、他の人が話を引き継ぎ、自分の子どもの場合はこんなで、こう思うといった発言があり、そうした経験の共有の中から学んでいくことは大きいとの印象を受けた。

こうした話し合いを通して、参加者は、①自分の抱える問題が何かを同定すること、②自分がどのように感じているかを伝えること、③なぜそのように感じるのかを伝えること、④今の葛藤状況を変えるために、特定の要求をすること、を学んでいく。こうした学びは関係性を変えていく上で大きい。

自分たちの行動の子どもへの影響に気づく

このような話し合いを通して、親の子どもへの共感力を高め、自分たちの行動が子どもにどのように影響するかについての気づきを高めていくことが、まずもってこのプログラムの目的といえる。またグループでの話し合いの意味は、互いに種々の状況下で、どのような問題解決方法をとったのかを話し合うことを通して、問題解決スキルを身につけていくことでもある。最終的な目標は、情緒的に健康な子どもを育てることにある。

一人の母親の話は特に印象的であった。

この母親の場合には、元夫との関係が未だに非常に険悪で、子どもの受け渡しの時には、それこそ何が起きるか分からないような一触即発の状態であるという。そのため、子どもの受け渡しは、警察署の前で行っているというと、ため息混じりの共感の笑いが起きる。

また父親が車で子どもを連れてくるのだが、子どもは車から降りて母親の姿を目にしても、母親がまるで透明人間であるかのように振る舞うという。だが、父親が車で走り去るやいなや、「ママ!!」といって母親に走り寄ってくる。

子どもは両親との間の緊張した雰囲気を敏感に感じ取り、父親をできるだけ刺激しないようにとこんな振る舞いをしているかと思うと、かわいそうになると母親はいう。そうは思うのだが、前夫に対する怒りに満ちた思いはどうしようもなく、また、どうして未だにこんなに互いにいがみ合っているのか、よく分からない、と母親は嘆くのだった。

こんな発言に対して、参加している当事者やファシリテーターが質問したり、コメントしたりしていく。

元夫（元妻）に対する否定的な認知を変える

このワーク・ショップの拠《よ》って立つ大前提は、「離婚後の共同子育てにおける両親間の多くの困難は、結婚生活の中で生み出され、離婚へのプロセスの中で強められてきた互いに対する否定的な認知によって引き起こされるのだから、こうした他方の親に対する否定的な認知が変わるならば、互いの行動の仕方も変わってくる」との考えである。

つまり、元夫婦が葛藤を超えて共同養育を成功させていく鍵は、互いに対する認知の再構造化にあると考えられている。そのため、認知の再構造化を図りつつ、葛藤解決や問題解決のスキルを教育する、という教育的アプローチをとっている。また、配偶者役割の中での葛藤と、親役割の中での葛藤とを、区別することをも学習してもらう。

こうした認知の再構造化を促進する方法として、ビデオ鑑賞や講義受講といった受動的な形式だけでは効果がないので、毎回、グループの中での話し合いという能動的な形式の教育プログラムが行われているわけだ。

子どもへの教育プログラム——「離婚の学校」

「Kid's Turn」——直訳すれば、「子どもの番」といえるこのサンフランシスコ郡にある子ども教育プログラムは、一九八九年に家庭裁判所の裁判官一人、弁護士二人、児童精神科医一人、調停者一人によって、親が離婚したときに子どもがどのように感じているのかを聴くための場所として創立された。

私は、このプログラムの代表から、直接に話を聞く機会を得たのだが、このプログラムは米国でも最も初期からのものであり、今も全米から多くの見学者が訪れるという。現在は、メンタルヘルス、教育、司法分野の専門家によって運営されている。

一九九三年から一九九八年までの五年間の利用者は、五五〇〇人であった。このプログラムへの参加条件としては、子ども以外に、親が少なくとも一人、参加しなくてはいけない。そうした条件もあって、利用者の内訳は、子どもと大人が半々であった。

プログラムは、週一回九〇分からなるセッションが六回で一クールである。六週間のプログラムを終えた後の、親からの感想としては、次のようなことが報告されている。

①自分自身と子ども、さらに元配偶者に対する見方に影響を与えた。
②子どもとのコミュニケーションが、前よりもオープンでまた効果的になった。
③子どもの別居、離婚に対する反応を、親である自分が理解できるようになった。

④子どもが離婚体験を克服していく上で、助けになったと思う。

⑤子どもはプログラム受講後、怒ったり、悲しんだり、苛立ったり、泣いたりといった行動をとることが少なくなった。

⑥子どもは、親の離婚への対処方法を見つけることができたように思う。

⑦元配偶者との共同養育関係が改善された（参加した親の半分以上がこうした感想を報告している）。

⑧子どもの監護の争いを裁判所でしなくてすむ可能性が出てきた（参加した親の三分の一がこうした感想を報告している）。

子どもからの感想としては、次のようなことが報告されている。

①落ちこみ、罪の意識、悲しい気分、恐れの感情、傷ついた感情、混乱した感情、孤独感、不安感や心配、引き裂かれた感覚が減った。

②高揚した気分や幸せ感、そして穏やかな気分が増えた。

つまり、ネガティヴな感情や気分が減って、人生に対する前向きのポジティヴな感情や気分が戻ってきたという感想であるといえる。

子どもグループでの学習テーマ――「自分が悪いわけではない」ことに気づく

子どものグループは、年齢によって、①四～六歳グループ、②七～一一歳グループ、③一二～一四歳グループに分けられている。学習テーマは、以下の通りである。

①親の別居・離婚で感じたことを確認し、伝え合う。幼児グループ（四～六歳）では、指人形で別居・離婚のテーマを主催者が演じて伝え、その後、感じたことを話してもらう。
②別居・離婚後の家族の変化について、参加した子どもが伝え合う。
③別居・離婚・監護の決定についての法的プロセスで出会う言葉について、子どもの発達レベルに応じて、その内容を説明する。例えば「離婚」「弁護士」「裁判官」「別居の合意」「子の監護」（日本であれば）「単独親権」「子どもの養育費」「面会交流」「配偶者扶養」など。その過程で、例えば、子どもが離婚についてどのように理解していたか、面会交流とはどういうことと理解しているか、などについても話してもらい、歪んだ考え

方をしていると思った場合には、正しい考え方を教えていく。例えば、離婚とは、片方の親と永遠に別れることだと思っていたりすれば、夫婦の別れは決して親子の別れではないということを教えていくことになる。

④別居・離婚後によく出会う困難な状況について、具体的に参加した子どもに話してもらい、そのような状況でどのように感じたか、またどのように対処したらうまくいくと思うか、あるいはうまく対処できたかなどを話し合い、建設的な対処方法について互いに学んでいく。

こうしたグループ学習の意味は、何よりも、①親の離婚を恥ずかしいことだと思って周囲の友人から孤立し、自分の内にひきこもり、心を閉ざしている状態から抜け出すことである。次に、②同じような境遇に置かれた他の子どもたちの対処方法から、学び合うことである。また、③他の離婚家庭の子どもたちと接することによって、「こんなに良い子たちの親も離婚しているんだ!」との発見をして、自分が悪い子だから、あるいは自分が十分可愛くなかったから親が離婚したのだという歪んだ自己認知から、そして、結果として低くなった自尊感情から解放されることである。

このような経験を通して、親の離婚という辛い体験の克服に向けての第一歩が踏み出され始めるといえるだろう。その意味で、こうしたグループでの学習には大きな意味があるといえる。

親グループでの学習テーマ――子どものためにどうあるべきかを積極的に考える

子どもたちがグループ学習をしているのと並行して、親たちもグループ学習をする。グループ学習のテーマとしては、以下のようなことがある。

①別居・離婚が、子どもに与えた影響について、互いに考えていることを述べ合うことを通して学び合う。
②別居・離婚が、親である自分に与えた情緒的影響について、率直に話し合うことを通して、より効果的な対処方法について学び合う。
③子どものもう一人の親である、元配偶者とのコミュニケーションの仕方についても、率直に互いに話し合うことを通して、同じ境遇にある親たちのコミュニケーションの仕方から学び合う。

④グループに参加している他の親との話し合いを通して、離婚後の生活の再構築の仕方や、再適応の仕方を学び合う。

このように講義形式はとらずに、グループでの話し合いを通して学んでいく。そして、親の離婚という経験で傷ついている子どもを助けるために、親として何ができるのだろうかということについても、考えを述べ合い、そこから互いに学んでいく。

前述の「葛藤を超える両親」グループが、裁判所の強制によるグループ参加であったのに対して、この親グループは、親が子どものために何かしたいとの思いから、自発的に参加している点が大きく違う。したがって、一般には、こちらのグループのほうが動機づけが高いので、成果が出やすいとはいえる。

共通点は、ファシリテーターが存在するものの、基本的には別居・離婚という同じ境遇にある親同士が率直に語り合い、そこからお互いに学び合うという形式をとることである。

親にとってのグループ学習の意味であるが、これは子どもにとってのグループ学習の意味と重なると思う。

まずは何よりも、①離婚したことを恥じたり、あるいは結婚に失敗してしまったとの思いから、周囲の友人から孤立し、自分の内にひきこもり、心を閉ざしてしまっている状態から抜け出すことである。また、②同じような境遇に置かれた他の親たちの対処方法から学び合うことである。また、③他の離婚経験者と接することによって、「こんなに魅力的な素敵な親も離婚しているんだ！」との発見をして、自分が女（あるいは男）として愛するに値しないから、あるいは十分魅力的でなかったから、離婚に至ってしまったのだ、という歪んだ自己認知から、そして結果として低くなった自尊感情から解放されることである。

こうした経験を通して、離婚という辛い体験の克服に向けての第一歩が踏み出され始めるといえるだろう。その意味で、こうしたグループでの学習には、子どもにとってのみならず親にとっても大きな意味があるといえる。

5　面会交流の調整者（ペアレンティング・コーディネーター）を育てる

裁判官のエネルギーの九〇％が、五％の高葛藤家族に費やされる

筆者が一九八四～一九八五年にかけて、カリフォルニア州で離婚後の共同養育について面接調査していた際に出会った、メリサとマックスの場合は、夫婦間の葛藤が極めて高いにも

かかわらず、共同親権と共同養育権をもつ、いわゆる文字通りの「共同養育」の取り決めをしていた。

二人の間で取り決められた基本スケジュールは、「火、木の夕方六時から翌朝子どもたち四人が学校に行くまでと、金曜の夕方六時から土曜の夕方六時までの二四時間は、〝パパの家〟で、残りの時間は〝ママの家〟で、子どもたちは生活する。父親（または母親）が、長期不在の時は、母親（または父親）の家で子どもたちは暮らす。夏休みの間は、この基本スケジュール（ただし、水、金の朝は、学校に行く代わりに母親の家に行く）の他に、さらに一週間まとめて〝パパの家〟で暮らす」というものであった。

この基本的スケジュールが、私が面接した時点までの三年間、全く変更なしに守られてきたという。この変更なしにということは、一見良さそうに響くかもしれないが、現実生活においては、融通性の欠如と同意語であるといえ、大きなストレス源になっていることが面接を通して理解できた。つまり四人の子どもと親のニーズに配慮しようとすれば、必然的にスケジュールには変更が生じてくるものである。事実、成功している「共同養育」には、必ずといってもよいほど融通性があった。

こうした両親間の高葛藤の板ばさみになって、子どもたちが苦しんだことは、数え切れないほどあったと母親はいう。自分が子どもたちの父親に頑《かたく》なな態度をとることによって、結局は子どもたちを傷つけていることを頭ではよく分かっている。それでもそうせざるをえないほどに、自分は傷つき、怒っているのだとメリサはいった。

また共同親権をもっているので、子どもの教育や医療、宗教、課外活動等の大きな問題に関しては、二人で決めなければならない。ところが、子どもをサマー・スクールの午前の部に行かすか、午後の部に行かすかといった些細な問題一つでも、二人は合意に達することができず、また子どもの意見を尊重するといった態度もとれず、結局、弁護士や裁判所の手を借りて決めてもらわざるをえない状態だった。

前述したが、メリサとマックスたちのように、離婚後の子どもの監護の問題や面会交流の問題について、一度取り決めがなされたにもかかわらず、その後に生じる些細な問題について、両親の間で合意に達することできないために、何度も裁判所に申立をして、裁判官に決めてもらわねばならないような離婚家族は、離婚件数の五％ぐらいであるといわれている。このわずか五％の離婚家族のために、家庭裁判所の裁判官のエネルギーの九〇％近くが費やされていると指摘されている。

こうした問題に対処するために近年試み始められている方策として、ペアレンティング・

コーディネーターという職種の利用がある。

裁判所出廷回数の激減

このペアレンティング・コーディネーターの任命という方法によって、離婚後の訴訟ケースが劇的に減少していると、ジョンストンとローズビィ（一九九七）はいう。以前は、監護を争うケース一六六件に関して、年間九九三回もの裁判所出廷があったという。これは一家族平均、六回ぐらいということになる。

これに対して、ペアレンティング・コーディネーターを任命するようになった後には、年間三七回になった。つまり一家族あたり一回にもならないほどに減少しているのである。いかにペアレンティング・コーディネーターが離婚後の監護の争いにおいて大きな役割を果たしているかがこの数字から伝わってくる。

ペアレンティング・コーディネーターとは、裁判所が任命した専門家であり、その役割は、頻繁かつ継続的な監護に関する訴訟を回避するために、疑似司法的な役割を担って裁判官を援助する人であり、裁判所のコミッショナーに最も類似しているといわれている。

一般にペアレンティング・コーディネーターは、当事者が同意する時に任命されるが、その任命を必要とする「例外的な条件」がある時には、裁判官は当事者の同意なしに任命することができるとの訴訟手続上の決まりがある。そして「高葛藤離婚ケース」は、この例外的条件を備えていると解釈されている。

呼び名は、ペアレンティング・コーディネーターの他に、スペシャル・マスター、裁判所アドヴァイザー、「拘束する仲裁者」など、いろいろである。

連邦判例法によれば、ペアレンティング・コーディネーターは、面会交流の日付、時間、子どもの受け渡し方法、就寝時刻、食事、衣服、レクリエーション、しつけ、ヘルス・ケア、日々のルーチン等の、ミクロな問題で両親が争っている時に、そうした問題を決定して、葛藤を解決することができる。しかし、裁判所命令に著しく影響を与えるような決定をしたりすることはできない。つまり最終的な司法的権限はないといえる。

また裁判所が採用すればという条件つきではあるが、教育、宗教、休暇や祭日、面会交流の監督、身体的、心理的検査やアセスメントへの参加といった、大きな問題についても決定することができる。

また子どもの監護ないし面会交流の取り決めの変更、あるいは子どもへの片親のアクセス制限など、裁判所命令の変更に関しても、裁判所に助言することができるとされている。

こうしたペアレンティング・コーディネーターとしては、弁護士や心理臨床の専門家が任命されている。

このように、ペアレンティング・コーディネーターを利用することによって、離婚後の両親間の高葛藤に、子どもを晒し続けることを避けることができるし、また離婚後の両親間の高葛藤のために、子どもと片親との接触が断ち切られているような場合にも、第三者が早期の段階から介入していくことも可能になる。さらには前述したように、裁判所のケース負荷を大きく減少させるという働きもしていることが分かる。

ただ難点は、費用は当事者負担であるので、経済的に余裕のある人でなければ利用できないということがある。

日本でも今後、こうした認識のもとに、ペアレンティング・コーディネーターを養成し、広く活用できる面会交流サポートシステムの一つとしていく必要がある。

6　面会交流を支援するシステムを作る
――ビジテーション・センター、非専門家によるサポートの活用

制限つきの面会交流を保証する場

前節で、両親間の葛藤が高いときに面会交流をしていく際のサポート・システムとして、ペアレンティング・コーディネーターを取り上げたが、本節では、こうしたサポート・システムの一つとしての面会交流サポート・センター、ないしビジテーション・センターについてみていきたい。

日本でも近年、子どもと別居親との交流をサポートするＮＰＯ法人が、全国で立ち上げられてきている。しかし、今後、法改正をして離婚後の両親との関わり、別居親との面会交流を原則としていくためには、こうしたサポート・システムをさらに充実していくことが不可欠である。

ここまで何度も述べてきたことであるが、米国では、基本的に、夫婦が別居あるいは結婚を解消した後でも、できるだけ未成年の子どもに両親との頻繁かつ継続的な接触を保証しよ

うとする。したがって、両親の間に高い葛藤がある場合や暴力があった場合、あるいは親の一方が子どもを虐待していたとの訴えがある場合、あるいは親子が長く会っていなかったような場合などにも、制限を加えながらも別居親と子どもとの面会交流を継続していくことが、長期的な視点からみて「子どもの福祉」に適うと考えられている。

こうした、子どもの安全と福祉を守るための制限を加えた面会交流として、「監督つき」での面会交流がある。このような面会交流が行われる場としては、専門家による監督つきの「ビジテーション・センター」もあれば、裁判所に申請して監督者として認められた親戚や知人の家、あるいは監督者として裁判所によって認められた弁護士やソーシャル・ワーカーの事務所や職場、あるいは市民センターなども利用される。

そのなかでも、ビジテーション・センターは、より専門的なサービス提供の場であり、監護親と子どもにとっての安全感も、他の形式よりも大きいといえる。

ビジテーション・センターでは、①センター内での、ワンウエイ・ミラーの背後からの監督つき面会交流サービスの提供ばかりではなくて、②促進的監督つき面会交流といって、親子間の関係を促進するように教育的に関わっていく面会交流への介入サービスも提供している。こうした教育目的のために、親子の交流場面をビデオ録画し、それを監督者と親が一緒に見ながら、自分たち親子の交流についての気づきを話し合うことを通して、より良い親子関係構築を助けていくということもある。ただし、これは教育目的のために行うものであるので、目的を終えた後には、録画されたビデオは消去することを条件としている。

また、③センター外での監督つき面会交流サービスも、一家族八回まで、一回、最大四時間までで提供する。こうした監督つき面会交流は、三カ月ごとに裁判所で再審理が行われる。補助金を得てのビジテーション・センターの利用は、一年間が限度である。

その他に、④モニターつきでの子どもの受け渡しサービスもある。例えば、配偶者間の暴力が原因で夫婦は離婚し、父親には母親への接近禁止命令が出ているが、子どもに対しては暴力が全くなく可愛がっていたというような場合には、子どもの引き渡しのみをビジテーション・センターで行い、自宅での面会交流が許されることが多い。第六章・第2節の事例1のケースでも、最初はそのような形での面会交流が行われていた。

上記の①についてであるが、原則は、ワンウエイ・ミラーの背後からの監督であるが、過去に性的虐待歴があったり、その申立がなされている時、あるいは誘拐の恐れがあるような時、また、クライエントがセンターのプログラム・ガイドラインを守らなかったり、あるいは子どもが別居親といることに居心地悪そうにしている時などは、例外的にスタッフが同席できる。

ミラー越しに観察される面会交流

筆者は二〇〇四年に、サンフランシスコ郡にある、全米から見学者がたくさん訪れるといわれる「ラリー・ファミリー・ビジテーション・センター」の運営の仕方を調査してきた。ディレクターからの説明を聞いた後で、センターを実際に利用している当事者（父母および子ども二人）の許可を得て、ワンウエイ・ミラーの背後から、父親と子どもたち二人の一時間にわたる交流場面を観察させてもらった。この観察室には二人のスタッフがおり、一人が裁判所提出の報告書作成のために、親子の交流の様子をパソコンに打ち込んでいた。もう一人のスタッフは、介入の必要がある時のために待機していた。

記録の取り方は、ディレクターの話によれば、「子どもは父親に会って幸せそうでした」という主観が入る形では書かず、「子どもは父親の顔を見ると笑って、ダディに会えて嬉しい！　と言った」というように、客観的な事実を記述的に記録するのがコツである。

私が観察していたケースでは、幼児と小学校低学年の二人の娘に対して、父親が二〇分ぐらい、歴代の大統領の名前から始まり、延々とアメリカ史について語っていた。この時は、

「父親は二〇分間、子どもたちにアメリカ史について語る。その間、子どもたちは、指しゃぶりを始めたり、ぬいぐるみのほうに、フラフラ歩いて行ったりする。しかし、父親はそうした子どもたちの様子にはおかまいなしに語り続ける」――おおよそこのように記録されていた。こうした記述からは、父親の子どもへの共感力のなさが伝わってくる。

私が観察したこのケースは、父親には母親に対する接近禁止命令が出ていた。

このビジテーション・センターを利用するとの契約を結ぶ際には、「プログラム・ガイドライン：行動規則およびクライエントの責任」が事前に配布され、熟知しておいてもらうことになっている。この行動規則に反するような面会場面が、ワンウエイ・ミラー越しに観察された時には、すぐにスタッフが入室して介入する。

このケースの場合には二度、こうした介入がなされた。一度目は、「将来の生活上の取り決めや面会交流の修正などについて子どもと約束してはいけない」「……子どもを失望させないために子どもとの話や活動は現在に焦点づけるべきである」という行動規則に違反して、父親が、「そのうちに、お父さんの家でまた会えるようになるからね」と語った時であった。

二度目は、幼児と小学校低学年の二人の娘に対して何度も、「お父さんの頬にチューしてくれ！」と要求した時だった。これは回避すべき行動の一つである「身体的接触への要求」

に当たっている。

こうした交流場面の記録は、報告書として裁判所に提出され、その後の面会交流の継続、あるいは変更、中止等の判断の資料とされる。しかし三カ月ごとの再審理を待たずに、そもそも交流が子どもにとって発達阻害的であると監督スタッフが判断すれば、面会交流を即、その場で中止にすることもできる。

このようにビジテーション・センターのスタッフには、子どもの安全と福祉を守る目的のために、強い権限が裁判所から与えられている。裁判所が報告書を読んで、子どもにとって発達阻害的であると判断すれば中止されるし、反対に、親子の交流が非常にスムーズであり、子どもの最善の利益に適っていると判断されるときには、センター外でのより長時間（最大四時間）の監督つき面会交流に移行したり、さらには家での監督なしでの面会交流へ移行するとの判断もなされることになる。

別居親とのビジテーション・センターでの接触が、子どもにとってポジティヴな体験となるように、スタッフたちは、子どもとの関係のもち方、親との関係のもち方に心を配っている。子どもとの関係においては、関わり方、観察の仕方、そして反応の仕方に気をつけており、親との関係においては、親の対人関係能力を高めるように工夫して関わっているとのことであった。また、このセンターでは、希望者には親プログラム受講の機会も提供している。

スタッフが一番気を配り、心がけていることは、両方の親にセンターが中立かつ公平な場所であると感じてもらうことだという。そのことが結果として、養育親が子どもを継続して連れてきてくれ、また別居親が子どもに継続して会いに来てくれることにつながると、スタッフは固く信じているからだ。

ビジテーション・センターの待ち合い室

モニター・ルームから見た面接室

一回の面会交流に要する実費は七五ドルぐらいであるが、連邦政府からの交付金や、個人企業からの寄付金などを集めることによって、一〇ドルという格安でサービスを提供している。前述したように、利用の最大期限は一年間である。母親が別居親であるのは二割ぐらいであるが、ある一歳の子どもの時には、月、火、木、金と、週四回も母親に会わせていたこともあったとのことだった。

問題を抱えている離婚家庭の面会交流のために

上述したラリー・ファミリー・ビジテーション・センターで提供されているリービスについて、少し詳細に見てみたい。このセンターの活動の目的は以下のようなものである。

①ストレスの高い離婚後家族が再組織化する間の両親間の緊張を和らげる。
②一人の親から他方の親への子どもの受け渡しのための安全で中立的な場所を提供する。
③監督つき面会交流のための安全かつ中立的な環境を提供する。
④両親間の接触をなくすことによって、子どもが両親間の挑発的行動を目撃する可能性を最小限にする。
⑤それぞれの親と子どもとの継続的な関係性を提供する。
⑥それぞれの親の注意を、別居ないし離婚後の子どものニーズに焦点づけさせることによって、より良い養育を促す。

⑦当事者すべてを守るために、すべての面会交流および受け渡しの状況を観察し、記録し、裁判所に報告する。
⑧面会交流および受け渡しの間の虐待的行為を防ぐことによって、児童虐待およびDVのサイクルを絶つ。

このサービスを受けることができる家族の基準は、第一に、別居あるいは離婚後の移行期にある家族であること、第二に、その家族が以下のような問題を少なくとも一つ抱えていることが必要である（過去にそのようなことがあったとの記録があるか、現在、申し立てられている）。

①DV、性的暴行およびストーキング
②DVへの子どもの曝露
③物質濫用
④児童虐待の申立（児童保護局のケースではない）
⑤子どもが別居親と接触できていない／子どもの疎外

⑥接触欠如／面会交流への再導入
⑦養育スキルに対する懸念
⑧誘拐の危険性
⑨精神病の診断

米国では、ビジテーション・センターでの監督つき面会交流が裁判所により申し渡される場合として最も多いのが、別居親の子どもに対する性的虐待が申し立てられている時である。

面会交流を監督つきに制限するための条件

ここで、面会交流を監督つきに制限するためには、性的虐待に関してどの程度の証拠が必要であるのだろう。

この点に関しては州によって対応が違う。つまり、親の面会交流を制限するには、一審裁判所で性的虐待に関して特定の証拠が必要であるとする州もあれば、子どもへの性的虐待が申し立てられている場合には、その結論が出るまでの間は、面会交流を監督つきに制限するべきであるとする州もある。

また、裁判所の一般的な態度としては、実子への性的虐待行為が、面会交流を監督つきにするに十分な理由になるとするばかりではなくて、実子以外の子どもに対する性的虐待行為もまた、証拠がある時には、実子に対する面会交流を監督つきにする理由になるとしている。

さらに、裁判所は、別居親が子どもの安全ないし情緒的健康を脅かすような暴力的傾向を示す場合にも、監督つき面会交流の命令を出している。また養育親より別居親に対してDVの申立がなされており、子どもの福祉への危険度について調査が行われている間、一時的に監督つき面会交流が申し渡されているケースもある。

また裁判所は、別居親がカウンセラーや精神科医にかかるなど、精神的に不安定な場合にも、面会交流を監督つきに制限している。

また別居親が子どもを誘拐する恐れがある場合にも、面会交流を監督つきに制限している。こうした恐れを判断する指標としては、その親の過去の誘拐行為がある。

また暴力のレベルにまでは至っていないが、別居親が養育親に対する敵意や憎しみを子どもに植えつけようとしたり、子どもを養育親に敵対させようとしたりするような場合にも、監督つきの面会交流に制限されることがある。

また別居親の性的行為が子どもに悪影響を与えているような場合にも、面会交流を監督つきに制限することが妥当であると判断されることがある。

上記にみてきたように、米国では基本的には、離婚後も両親との接触を継続することが「子どもの最善の利益」に適うとの強い信念がある。しかし、そうした接触が子どもに害を与える可能性がある時には、直ちに禁止するのではなくて、第三者による監督つきという「守られた空間」の中で、別居親と子どもとの接触を継続していこうと試みるわけだ。しかし、こうした「守られた空間」の中での接触ですら、子どもに安全を保障することができないような時には、面会交流は、子どもの福祉に反するばかりではなくて発達阻害的であるとして、一時的に中止するか、あるいは禁止という決定がなされることになる。

日本においても今後、法改正によって、原則として離婚後も別居親と子どもが継続的に接触していく方向に向かっていく必要がある。そしてそのためには、国や地方自治体が補助金を交付することによって、制限を必要とするような離婚ケースにおいて、離婚当事者が安く面会交流サポート・センターを利用できるようにしていく必要がある。

養育親による、あるいはその祖父母による面会交流監督の弊害

日本の場合、別居親と子どもの面会交流の、非専門家による監督者としてよく利用されているのが、養育親、養育親方祖父母、養育親と別居親それぞれの代理人、別居親の代理人などがある。

両親間の葛藤の高い時ほど、こうした監督つき（というより監視つき）面会交流が行われるのが実情であるが、こうした慣行を子どもの視点から見直す必要があると私は考えている。

子どもの視点からみたときに、その福祉を一番害する監督の形式としては、養育親が面会交流の場に同席する形であると思う。前にも触れたが、ＤＶを申し立てたような養育親が、いざ裁判所から面会交流を命じられると、その条件として「自分も同席する」と言い出すことがよくある。

日本での面会交流の形式として、レストランでの会食や遊園地に行くというようなことが多いが、こうした時に、仏頂面をした養育親が同席する場での別居親との交流が、不自然なものにならざるをえないことは必然であり、こうしたストレスに耐えることができない子どもは、やがて別居親に会いたくないと言い出す。

あるいは子どもと別居親が交流しているのを、遠くから、養育親をはじめとする多くの親族が取り巻いて監視しているという形式もある。あるいは別居親と子どもの後ろを、ゾロゾロとついて回るという形式もある。あるいは別居親の家での面会交流の時に、同じ家の中の、子どもから姿が見えない所に、養育親が潜んでいるという形式などもある。

米国の例にみたような、性的虐待を申し立てられていたり、誘拐の恐れがあったり、あるいは精神的に不安定であるなどといった、制限することが妥当であるような理由がない場合でも、日本では養育親の要求で、こうした状況下での面会交流が結構多い。しかし、全く子どもに会えないよりはましであると考えて、それを甘受している別居親が多いのが実情である。

しかし、こうした状況を、子どもの視点から考えてみたら、どうであろうか。養育親の存在、しかも別居親との交流を喜んではいない養育親の存在を意識しつつ、果たして別居親と自由に楽しく時間を過ごすことができるであろうか?

答えはノーであり、かつそうした状況が二時間、三時間と続くことが、いかに子どもにとってストレスに満ちたものであるかは、容易に想像がつく。こうした状況に置かれた子どもが、三十分もしないうちに疲労困憊した状態になり、そうした状況に痛々しさを感じて、楽しみにしていた面会交流を切り上げる別居親もいる。

また養育親方祖父母による監督も、同様のストレスを子どもに与える。なぜなら養育親と別居親との葛藤が高い時には、ほとんどの場合、監護親方祖父母もそうした葛藤に深く関わっており、子どもは祖父母の別居親に対する否定的な思いを十分に知っているからである。

別居親方祖父母による面会交流サポートの勧め

第六章で触れたように、葛藤の高い両親間で面会交流を実現していくためには、極力、子どもの前での両親の接触を減らしていくことが大事である。そうなると、養育親による面会交流の監督は禁忌であり、面会交流の受け渡しの際にも極力、両親は顔を合わさないようにする必要がでてくる。つまり並行養育の実践である。

また非専門家による監督つき面会交流を行うときにも、裁判所は、養育親および養育親の親族以外の、第三者を利用することが肝要となってくる。

第六章・第２節の事例２（米国の事例）においては、裁判所は監督者として、別居親方祖父母を指名している。ここで大事な点として強調しておきたいことは、非専門家であろうと、面会交流の監督者として裁判所から指名された場合には、監督者は裁判所に対して、一定の責任と義務を負うということである。事例２の場合には、父方祖父母には、自分たちの息子である父親が、アルコールないし薬物を使用したことに気づいたときには、即座に裁判所に通告する義務を負っている。その義務に違反した場合には、監督者としての役割を解任されると同時に、面会交流も中止になる。

米国の場合には、監督者として、こうした祖父母も含めて本人が希望する人を三人まで裁判所に申請できる。そうした制度を日本でも導入していくべきである。

なぜなら日本では、別居親が面会交流を認められても、養育親が反対するときには、別居親の両親、つまり子どものもう一方の祖父母が面会交流を認められない場合も多いからである。また臨床心理士なども、こうした面会交流の監督者として積極的に活用していってほしい職種である。

【参考文献】

Hetherington, E. M. & Arasteh, J. D. (eds.) (1988) *Impact of Divorce, Single Parenting, and Stepparenting on Children.* Hillsdale, New Jersey, Lawrence Erlbaum Associates, Publishers.

Johnston, J. R. & Campbell, L. E. G. (1988) *Impasses of Divorce: The Dynamics and Resolution of Family Conflict.* New York, The Free Press.

Johnston, J. R., Breunig, K. M. S., Garrity, C. & Baris, M. (1997) *Through the Eyes of Children.* New York, The Free Press.

Gardner, R. A. (1998) *The Parental Alienation Syndrome: A Guide for Mental Health and Legal Professionals.* (2nd ed.) Cresskill, New Jersey, Creative Therapeutics, Inc.

Maccoby, E. E. & Mnookin, R. H. (1992) *Dividing the Child: Social and Legal Dilemmas of Custody.* Cambridge, Massachusetts, Harvard University Press.

Stahl, P. M. (1999) *Complex Issues in Child Custody Evaluations.* Thousand Oaks, Sage

Publications.

棚瀬一代（一九八六）『中学生のホンネ』創元社

棚瀬一代（一九八九）『「クレイマー、クレイマー」以後——別れたあとの共同子育て』筑摩書房

棚瀬一代（二〇〇一、二〇〇三）『虐待と離婚の心的外傷』朱鷺書房

棚瀬一代（二〇〇七、二〇〇九）『離婚と子ども』創元社

Wallerstein, J. S. & Kelly, J. B. (1980) *Surviving the Breakup: How Children and Parents Cope with Divorce.* New York, Basic Books.

ワラスティン、J・S・ルイス、J・M・ブレイクスリー、S・（早野依子訳）（二〇〇一）『それでも僕らは生きていく——離婚・親の愛を失った二五年間の軌跡』ＰＨＰ研究所

Weitzman, L. J. (1985) *The Divorce Revolution: The Unexpected Social and Economic Consequences for Women and Children in America.* New York, The Free Press.

【初出一覧】

第一章　棚瀬一代（二〇〇七、二〇〇九）『離婚と子ども――心理臨床家の視点から』第一章（加筆）

第二章　棚瀬一代（二〇〇八）「離婚と子どもの発達」『心理相談研究紀要』6、神戸親和女子大学心理・教育相談室、三一―一一（加筆）

第三章　棚瀬一代（二〇〇七、二〇〇九）『離婚と子ども――心理臨床家の視点から』第二章（加筆）

第四章　棚瀬一代（二〇〇七、二〇〇九）『離婚と子ども――心理臨床家の視点から』第三章（大幅に加筆）

第五章　棚瀬一代（二〇〇九）「高葛藤離婚において子どもが別居親から疎外されていくプロセス：子どもの最善の利益の名のもとに」『心理相談研究紀要』7、神戸親和女子大学心理・教育相談室、三一―一〇（加筆）

第六章　棚瀬一代（二〇〇七、二〇〇九）『離婚と子ども――心理臨床家の視点から』第

第七章　三章と第五章（大幅に加筆）（一部書き下ろし）
棚瀬一代（二〇〇七、二〇〇九）『離婚と子ども——心理臨床家の視点から』第六章（大幅に加筆）

あとがき

本書は私にとって五冊目の本になります。一冊目の本である『中学生のホンネ』はひとりの中学三年生に毎週一回、半年にわたって面接し、それをもとに「中学生」の本音を聞き出して書いたものです。その中でK君が、夫婦喧嘩について語っているところがあります。親が夫婦喧嘩をして、「離婚するタラドッタラ」言っている声が子ども部屋まで聞こえてきて、「これからどうなるんだろう……とかメシは誰が作るんだろうか……とか、本当に離婚したらどっちにつこうか……とか」考えるといいます。しかも夫婦喧嘩の後は、ずっとそのことが尾を引き、いろいろ考え、勉強にも集中できなくなるといいます。そして母親につこうと思うと、父親のいいところを思いだし「ああ、だめだ……もう決めれないから、どうにでも親が勝手に決めてくれ！」と思うのだと片親を切り捨てることの辛さを語ってくれています。

今から二六年ほど前のことです。

当時の日本では「夫婦の別れ」は「片親との別れ」というのが社会通念として根強くありました。当時の私もそうした通念を疑うことなく受け入れていたひとりです。

その一年後の一九八四年に、家族六人で米国カリフォルニア州に渡るのですが、現地で暮らしはじめてしばらくすると、娘の通う幼稚園や息子の通う中学校などで離婚後も共同で子育てしている何組かの離婚カップルに出会いました。「離婚せざるをえないほどうまくいかなかった夫婦が、別れた後に、よく共同で子育てなどできるな……うまくいかないから別れたはずなのに……。怒りや、憎しみ、恨みといった感情はいったいどうなっているのだろう?」。当時の私は、理解できない気持ちと同時に、強い好奇心をそそられました。こうした気持ちから、共同子育てしている友人の離婚カップルに、個別にインタビューし始めたのです。インタビューし終えると、彼らは私を次々に他の共同子育てしている人に紹介してくれ、実に多くの離婚カップルたちと出会う機会を得ました。そうしたインタビューをまとめたのが『「クレイマー、クレイマー」以後――別れたあとの共同子育て』です。

米国で調査を始めたころの著者（左）

その後、日本に帰国した後、私は、家庭裁判所の家事調停委員としても多くの離婚当事者に出会う機会がありました。また米国での「共同子育て」について裁判所関係者にも数多くの研修講演もしてきました。米国での調査から四半世紀以上経つ今日、日本社会における「夫婦の別れ」イコール「片親との別れ」との社会通念は多少の変化を示してきていることは確かです。しかし、離婚後の単独親権制度という法律自体は全く変わっていませんので、その変化には限界があります。その間に、世界の常識は、「離婚後も共同養育を！」「最良の親は両親である！」といった方向に大きくシフトしていき、今や日本社会の法律や通念は世界の中で孤立した「非常識」なものになってきています。

離婚後の忙しい生活のなかで貴重な時間を割いて、離婚後に共同養育を選んだ経緯などその思いを語ってくれた米国の離婚当事者たちの肉声が今も私の心の中に響き続けています。最近は日本の離婚当事者たちと出会う機会が増えてきています。彼（彼女）らの「子どもと（もっと）会いたい！」「写真では愛着は育たない！」「年三回数時間でどうやって絆を築けというのか！」「子どもがどんどん壊れていく！」「子どもを救いたい！」といった肉声が二五年前に出会った米国の離婚当事者たちの声と重なります。彼らも最終的に共同養育の合意に至るまでは、子どもから引き離されていくのではないかとの大きな不安を抱えていました。

もはや離婚がまれな時代、子どもが巣立つまで離婚を待つ時代ではありません。結婚の三組に一組が離婚に至り、胎児や乳児を抱えてでも離婚を選び取る人たちが増えている時代です。このままでは、幼くして離婚に巻き込まれた子どもたちの未来が不安です。親の離婚を経ても、一～二年後には再び笑顔を取り戻せるような離婚後の法制度、サポート・システムづくりへと力を結集していくことが今、強く望まれています。なぜなら次世代を担う子どもたちの問題は、イコール「社会問題」だからです。本書が、そうした社会改革に向けて一石を投ずることができれば、そんな嬉しいことはありません。

著者近影（研究室にて）

これまでの四冊の本は、男性編集者との協同作業でしたが、今回初めて光文社新書の草薙麻友子さんという若い女性編集者と組んで仕事をしました。草薙さんに私を紹介してくれたのは、これまでに三冊の本を協同で世に送り出してきたフリーの編集者である高橋輝次さんです。こうした出版の機会へと繋いでくれた高橋さんに心から感謝したいと思います。

最後になりますが、今回の出版体験は、お産に喩えれば、「産みの苦しみ」の「過程」にも寄り添ってもらえる助産師さんによる出産体験にも似た感じがしました。専門家としての適切なアドヴァイスとこちらの進行具合に寄り添う温かい姿勢。彼女ぬきでは出版まで漕ぎ着けたかどうか疑わしいです。ここに心から感謝の気持ちを表したいと思います。また出版不況の中で本書の企画を進めてくださった編集長の森岡純一氏に心からの感謝の意を表したいと思います。

二〇一〇年　一月　神戸にて

棚瀬一代

棚瀬一代（たなせかずよ）

1943年生まれ。国際基督教大学卒業。'78年から'90年まで、関西および京都で「いのちの電話」相談員。'90年京都大学大学院教育学研究科に社会人入学し、'97年同研究科博士課程修了、'99年博士（教育学）。'90年から12年間大津家庭裁判所家事調停委員。臨床心理士。京都女子大学現代社会学部助教授、帝京大学文学部助教授を経て、神戸親和女子大学発達教育学部教授。著書に『「クレイマー、クレイマー」以後——別れたあとの共同子育て』（筑摩書房）、『虐待と離婚の心的外傷』（朱鷺書房）、『離婚と子ども——心理臨床家の視点から』（創元社）などがある。

離婚《りこん》で壊《こわ》れる子《こ》どもたち　心理臨床家《しんりりんしょうか》からの警告《けいこく》

2010年2月20日初版1刷発行
2019年10月10日　5刷発行

著　者 —— 棚瀬一代
発行者 —— 田邉浩司
装　幀 —— アラン・チャン
印刷所 —— 萩原印刷
製本所 —— 榎本製本
発行所 —— 株式会社光文社
東京都文京区音羽1-16-6（〒112-8011）
https://www.kobunsha.com/
電　話 —— 編集部03(5395)8289　書籍販売部03(5395)8116
業務部03(5395)8125
メール —— sinsyo@kobunsha.com

© Kazuyo Tanase 2010 Printed in Japan ISBN 978-4-334-03550-1